MADE TO CAMP

Inhaltsverzeichnis

Vorwort 10

Fahrzeug & Vorbereitung 12
Welches Basisfahrzeug? 12
Planung des Grundrisses 16
Werkzeug und Material 18
Den Innenraum vorbereiten 22
    T5: Verbaute Teile entfernen 23
    Rost und Lack entfernen 24

Dach & Fenster 26
Flexibles Dach 26
Dachfenster 28
    Dachfenster einbauen 29
Seitenfenster 31
    Seitenfenster einbauen 32
Dachgepäckträger 35

Isolierung 36
Das richtige Material zum Isolieren 36
    Wand und Decke isolieren 38
    Bodenplatte einbauen 40
    Boden isolieren 42
Radkästen Isolierung und Verkleidung . 44

Elektrik 46
Wie viel Strom benötige ich? 46
Arten von Batterien 48
Dimensionierung der Batterie 49
Laden der Bordbatterie 50
12 V oder 230 V? 52
Leitungsdurchmesser 53

Absicherung der Elektrik 54
Installation und Inbetriebnahme 54
Anschließen der Verbraucher 56
    12 V-Verbraucher anschließen 58
    Stromquellen anschließen 60
Solar 64
    Solarpanel montieren 66
    Solarregler anschließen und
    in Betrieb nehmen 68
Landstrom 69

Verkleidung & Boden 70
Materialien für die Innenverkleidung ... 70
Innenverkleidung:
Unterkonstruktionen & Rahmen 73
    Verkleidung anbringen 74
    Safe verbauen 76
Bodenbelag 77
    Click-Vinyl verlegen 78

Küche & Sanitär 82
Küchenzeile 82
Kühlschrank 84
Kochen im Camper 87
Wasserversorgung 89
Frischwasserpumpen 91
Installation der Wasserleitungen 93
Trinkwasser-Filter, ja oder nein? 95
Camping-Toilette 96
    Trenntoilette bauen 97
Duschmöglichkeiten 100

Einbau-Möbel 104
Schränke im Camper 104
   Toplader-Schrank bauen 106
   Hängeschrank bauen 109
   VW-Seitenschrank bauen 112
   Schublade bauen 116
Bett 120
   Längsschläfer-Bett bauen 121
   Querschläfer-Bett bauen 124
Passende Matratzenbezüge 126
   Matratzenbezüge nähen 127
Tisch 130
   Heck-Ausziehtisch bauen 132

Streichen & Isolieren 134
Oberflächen streichen 134
Vorhänge 137
Isolierung der Fenster 138
   Fenster-Isomatten nähen 139
Warm halten im Bus 141

Anhang 144
Beispielhafte Kostenaufstellung L2H2 144
Beispielhafte Kostenaufstellung L2H1 146
Vom PKW/LKW zum Wohnmobil 148
Sicherheit on the road 151

Schlusswort 154

Vorwort

Katharina und Andreas zog es in die weite Welt, um zu reisen. Nach zwei Jahren backpacking wurde jedoch der Wunsch nach einem Rückzugsort größer.
So entdeckten sie das Campen für sich und bauten ihren ersten Camper aus. Genügend Platz zum Arbeiten, für alle Dinge und trotzdem mobil!
Als ersten Camper entschieden sie sich für einen Citroën Jumper L2H2. Ein Kastenwagen mit Stehhöhe, da sie über Monate hinweg im Bus reisten.

Nach zwei Jahren stiegen sie auf einen kleineren VW T5 Bulli um. Für Wochenend-Ausflüge und Urlaub mit dem Aufstelldach genau das richtige Fahrzeug für sie. Auch dieser Ausbau wurde dokumentiert. Unter @salty.roamers teilten sie auf Instagram ihre Erfahrungen.
Da es zu diesem Zeitpunkt noch keinen Blog gab, der den DIY-Busausbau ausführlich und einfach nachvollziehbar schilderte, gründeten die beiden Content Creator www.mein-camperausbau.de.

Andreas Weiss
Ein Auslands-Film-Praktikum veränderte für Andreas einiges. Er lernte, dass man – egal ob Nicaragua, Portugal oder anderswo auf der Welt – immer Gleichgesinnte finden wird. Surfen und die Liebe zum Meer sind bis heute in seinem Herzen.

Katharina Maloun
Nach ihrem Studium und einigen Jahren Arbeitserfahrung beschloss Katharina, die Welt zu bereisen. Andere Kulturen, Denkweisen und die Nähe zur Natur zeigten ihr, dass weniger mehr ist und dass das Zuhause in einem selbst wohnt.

Fahrzeug & Vorbereitung

Für deinen Traum vom Camper ist der erste Schritt der Kauf eines Wagens. Die Wahl von Modell, Marke und Ausführungsvariante sollte dabei gut überlegt sein. Optionen gibt es genug: vom klassischen VW-Bulli über den beliebten L2H2-Kastenwagen bis zum extra langen „Düdo", der Düsseldorfer Baureihe von Mercedes.

Welches Basisfahrzeug?

Natürlich spielen Look and Feel des Fahrzeugs bei der Erfüllung deines Traums eine Rolle. Es gibt jedoch weitaus wichtigere Kriterien für das richtige Basisfahrzeug. Für die Suche solltest du dir Eckpunkte stecken, an denen du dich orientieren kannst. Das hilft, die Auswahl einzugrenzen, gezielter vorzugehen und das Wesentliche nicht aus den Augen zu verlieren. Mit der Beantwortung der nachfolgenden Fragen kannst du nach und nach Fahrzeuge ausschließen und bekommst somit eine bessere Vorstellung davon, was zu dir und deinem Leben und Reiseverhalten passt.

Budget
Wie viel willst oder kannst du für das Fahrzeug ausgeben? Teile dein Budget gut auf und überlege, wie viel Geld du später noch für den Umbau benötigst. Ab S. 144 findest du eine exemplarische Auflistung aller für uns angefallener Kosten zum Ausbau unseres L2H2-Kastenwagens und VW T5 Bullis.

Zustand und Ausstattung
Welches Baujahr, welche Laufleistung ist für dich wünschenswert? Wie soll der aktuelle Zustand des Fahrzeugs sein? Ein uriger alter Bus ist sicher ein Hingucker, jedoch solltest du überlegen, wie viel du am Fahrzeug selbst reparieren möchtest und kannst.

Wichtig ist auch, welchen Verwendungszweck das Auto vor deinem geplanten Ausbau zum Camper hatte. Ein Post- oder Baustellenfahrzeug wurde oft nicht gut behandelt. Bedenke außerdem schon beim Kauf, was bereits im Wagen verbaut ist, da all das ausgebaut werden muss. Soll es einen Durchgang zum Fahrerhaus geben? Mit zwei Einzelsitzen ist das möglich. Mit einer Sitzreihe wird das eher schwierig. Auch diverse Extras können entscheidend sein. Möchtest du z. B. eine Klimaanlage, einen Tempomat oder gar eine bereits verbaute Standheizung? Manches kann auch leicht nachgerüstet werden.

Damit stellt sich auch die Frage, ob eine längere Reise geplant ist, wie z. B. über den Winter oder für ein sogenanntes Gap Year, oder du eher jedes Jahr im Urlaub zwei bis drei, maximal einige Wochen in diesem Fahrzeug verbringst.

Platzbedarf
Reist du alleine, zu zweit oder gar als Familie mit Kindern? Die Anzahl der zugelassenen Sitzplätze im Fahrzeug ist ein wichtiger Faktor. Und am Ende eines langen Reisetages braucht auch jeder ein Bett zum Schlafen.
Höhe: Möchtest du im Fahrzeug stehen können, brauchst du ein Fahrzeug mit einem Hochdach (H2 oder H3) oder einen Bus mit Aufstelldach. Natürlich kann man ein festes Hochdach oder ein Schlafdach nachrüsten, dafür muss man aber zusätzlichen Zeit- und Kostenaufwand berücksichtigen. Ist die Stehhöhe kein Kriterium für dich, so reicht ein niedriges Fahrzeug (H1) aus.
Länge: Auch die unterschiedlichen Fahrzeuglängen sind zu beachten. Der lange Radstand (L2) bietet mehr Platz, ein Fahrzeug mit kurzem Radstand (L1) lässt sich leichter manövrieren. Und während L2 noch auf jeden Parkplatz passt, wird das Parken und Manövrieren mit Überlängen (L3 oder länger) schon schwieriger.
Dusche und Toilette: Sollen Sanitäreinrichtungen im Fahrzeug verbaut werden? Wenn ja, dann benötigst du den entsprechenden Platz. In einer Dusche solltest du dich zumindest umdrehen können.
Erst- oder Zweitfahrzeug? Soll dir der Camper auch im Alltag als Fortbewegungsmittel dienen, so ist ein kleineres und weniger hohes Basisfahrzeug ratsam. Diese sind wendiger und ein Parkplatz ist schnell gefunden.

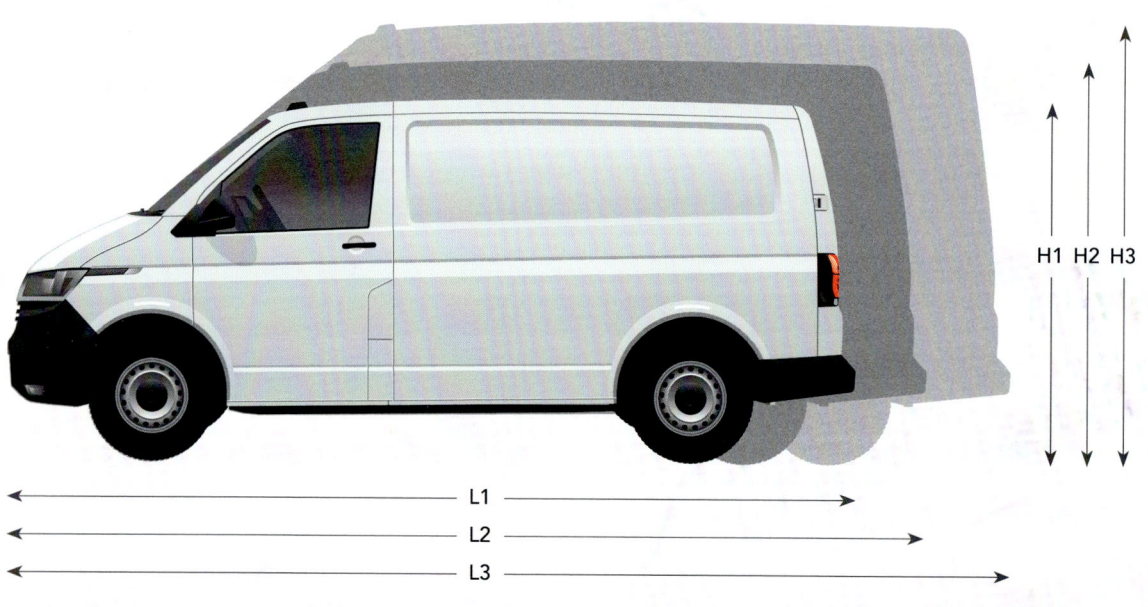

Die Reise: Wohin möchtest du mit deinem Van fahren?

Allrad oder nicht? Der Weg ist das Ziel und viele lieben das Reisen mit einem Wohnmobil, weil sie das Fahren mögen. Zählst du auch dazu und möchtest über Stock und Stein, Strand und Wüste düsen? Benötigst du dafür ein Allrad-Fahrzeug? Wenn du eher auf den Straßen Europas von einem Ort zum nächsten unterwegs sein wirst, ist ein Allradantrieb nicht notwendig.

Wieviel PS? Je schwerer, länger, größer das Fahrzeug ist und je lieber du bergauf und bergab fährst, desto mehr PS sind empfehlenswert. Wir sind eher gemütliche Fahrer. Auf Küsten-Straßen unterwegs, reichen uns weniger PS vollkommen aus. So hatte unser Citroën Jumper 101 PS, unser VW T5 hat 114 PS.

> **Achtung:** Auf **Fähren** ist für längere und höhere Fahrzeuge ein entsprechender Aufpreis zu zahlen.

Der Look: Wie wichtig ist dir das Aussehen?

Möchtest du eher ein Kultfahrzeug oder lieber etwas Moderneres? Natürlich sollte dir dein Wagen auch von außen gefallen. Allerdings musst du bei einem alten Fahrzeug meist weniger PS, höhere Laufleistung und manche Macken in Kauf nehmen.

> **Entscheide selbst!**
> Letzten Endes ist jeder Mensch anders. Hole dir ruhig Inspiration bei anderen und setze dann deine eigenen Prioritäten. Schließlich ist dein Bus dein kleines Zuhause auf Rädern!
>
> **Tipp:** Falls du noch wenig Erfahrung mit dem Campen hast, miete dir doch erst einmal einen Bus. So findest du für dich heraus, was du möchtest und brauchst, und kannst danach eine Entscheidung treffen.

Zum Rand der Wüste kommt man auch ohne Allrad.

Planung des Grundrisses

Die Planung des Grundrisses ist vergleichbar mit dem Packen eines sehr, sehr kleinen Koffers. Stell dir vor, du möchtest deine Wohnung auf ein Zehntel verkleinern. Wie würdest du das tun? Genau: Nur das Wichtigste einplanen! So lautet auch die Devise für den Camper.
Der erste Schritt ist die Frage, was du in deinem Bus verbauen möchtest, was du auf deine Reisen mitnehmen willst und wie viel Platz du dafür benötigst. Danach ist alles ein bisschen wie Tetris spielen.

> **Tipp:** Beginne mit den großen Dingen (Bett, Küche, große Sportgeräte, wie Surfbrett etc.) und arbeite dich dann zu den kleineren vor.

Fragen für deine Planung
Bett: Möchtest du ein fest verbautes oder ein ausziehbares Bett? Kannst du im Wagen quer schlafen? Dazu muss dein Fahrzeug ausreichend breit sein! Die am weitesten verbreiteten Kastenwagen sind Citroën Jumper, Fiat Ducato und Peugeot Boxer mit einer Breite von 1870 mm. Ein VW T5 hat dagegen nur eine Breite von 1692 mm. Oder wirst du das Bett längs verbauen? Du wirst in einem Camper kaum ein 2 m langes Bett unterkriegen. Wenn du nicht so groß bist, dass du diese Länge unbedingt brauchst, kannst du mit einem nur 180 cm langen Bett viel Platz sparen.
Küche: Bedenke, dass du Spüle und Frisch- und Abwasserkanister unterbringen musst, wenn du fließendes Wasser in deinem Camper haben möchtest. Alternativ kann man den Abwasch in einer Schüssel oder in den Sanitäranlagen des Campingplatzes erledigen.
Sonstiger Platzbedarf: Sind dir eine Dusche und ein WC in deinem Bus wichtig? Reist du mit einem Tier oder Kindern und benötigen diese ihren eigenen Rückzugsort, Sitz- und Schlafplatz?

Grundriss A — Drehstuhl, Drehstuhl, Tisch, ausziehbar?, Sitzbank, Dusche, Küche, Bett quer

Grundriss B — Drehstuhl, Küche, höhenverstellbarer Tisch, Bett längs

Grundriss C — Küche, ausziehbarer Tisch, Sitz, Sitz, Bett quer

Grundriss D — Küche, Bett mit 3 variablen Teilen zum Ausziehen, Kasten

Grundriss E — Bett, Kasten, Küche, Küche

Dies sind nur einige der vielen möglichen Grundrisse.

Planung

Entscheide dich zunächst für einen Grundriss und zeichne ihn auf. Notiere die Maße der wichtigsten Einrichtungsgegenstände und schneide entsprechende Schablonen (im zum Grundriss passenden Maßstab) aus, um sie dann auf deiner Grundriss-Skizze zu platzieren. So kannst du verschiedene Anordnungen ausprobieren. Wenn du dein Fahrzeug bereits hast, kannst du natürlich die Original-Maße der Einrichtungsgegenstände auch z. B. aus Karton ausschneiden und im Bus auslegen. Vergiss dabei nicht, Abstände für eventuelle Zwischenwände etc. zu berücksichtigen sowie zu bedenken, wie und wohin sich die Schränke problemlos öffnen lassen.

Drehkonsole

Behältst du den Durchgang zum Fahrerhaus bei, solltest du über den Einbau einer Drehkonsole nachdenken. Es gibt sie sowohl in universellen Ausführungen als auch speziell für ein bestimmtes Fahrzeug. Für universelle Drehkonsolen benötigt man meist einen Adapter.
Der Vorteil einer Drehkonsole ist, dass du mehr Sitzgelegenheiten im Bus bekommst und den Raum besser nutzen kannst. Ein Nachteil könnte die zumeist erhöhte Sitzposition sein. Beachte vor allem beim Fahrersitz, ob sich durch die Drehkonsole dein Abstand zu den Pedalen oder zur Decke nachteilig verändern und so deinen Fahrkomfort beeinträchtigen würde.

Toilette, Kühlschrank, Safe und Abwasserkanister – alles passt!

Werkzeug und Material

Werkzeug für den Busausbau

Für den Ausbau deines Busses brauchst du Werkzeuge und andere Helfer. Manche besitzt du sicher schon, andere solltest du dir unbedingt anschaffen, weil du sie ständig brauchen wirst. Andere benötigst du nur gelegentlich und kannst sie sicher auch ausleihen.

Must-Haves

- **Akkuschrauber:** Für den Ausbau dein wichtigstes Tool. Es gibt viele Löcher zu bohren und Schrauben zu versenken. Wir empfehlen dir zusätzlich einen guten **Bit-Satz**, ein **Metallbohrer-Set** und ein paar **Holzbohrer**.
- **Stichsäge:** Fenster aussägen, Dachluke verbauen oder einfach nur eine Pappel-Sperrholzplatte zurechtschneiden: Die Stichsäge ist ein wichtiges Tool, vor allem bei Rundungen und dem Ausschneiden von Löchern, wie für den Einbau des Kochfeldes oder der Spüle.
- **Maßband:** Jedes Stück Holz und jeder Abstand muss früher oder später abgemessen werden.
- **Schleifpapier:** Ausgefranste Ecken, Rundungen, Abschleifen nach dem Lackieren: Immer mal wieder brauchst du Schleifpapier. Ein Set aus grobem, mittelgrobem und feinem Schleifpapier ist sinnvoll.
- **Crimpzange/Abisolierzange:** Um die Isolierung von Kabeln zu entfernen und sie mit Kabelschuhen zu versehen.
- **Einhandzwingen/Klemmzwingen:** Sie sind sozusagen deine dritte Hand. So verrutscht beim Schneiden nichts.
- **Cuttermesser:** Besonders für die Isolierung und beim Bodenverlegen brauchst du ein Cuttermesser, aber auch später ist es immer mal wieder hilfreich.
- **Pinsel-Set:** Für den finalen Anstrich. Auch ein **Farbroller** für größere Flächen sollte mit dabei sein.

> **Tipp:** Wasche die Pinsel sehr gut aus und reinige sie mit etwas Nitro oder Pinselreiniger. Dann kannst du sie immer wiederverwenden.

Nice to have/optional

- **Schleifmaschine:** Damit geht das Schleifen schneller, gleichmäßiger und weniger aufwändig als mit der Hand. Auch ein Set mit passenden **Schleifscheiben** gehört dazu.
- **Hand- oder Tauchkreissäge mit Führungsschiene:** Um gerade Kanten in dickeres und dünneres Holz zu schneiden. Die Kreissäge eignet sich perfekt für das Bauen von Schubladen, Küche oder Hängeschränken für den Camper.
- **Multimeter:** Wichtig bei der Elektrik für das Messen von Spannung und Widerstand. Wie viel Volt liegen hier an? Habe ich hier Strom? Das Multimeter ist ein guter Helfer bei der Fehlersuche im Elektrikbereich.

- **Schreinerwinkel:** Die gebogenen Außenkanten des Fahrzeugs machen Einbauten nicht gerade leicht. Mit einem Schreinerwinkel baust du Kästen und Schubladen rechtwinklig.
- **Kappsäge:** Perfekt zum genauen und schnellen Schneiden von Kantholz/Konstruktionsholz, Wandverkleidungen und Deckenverkleidungen.
- **Kartuschenpistole:** Zur sauberen Verarbeitung von Silikon und Kleber.
- **Winkelschleifer:** Um Metall zu schneiden und für Rostentfernung mit Reinigungsscheiben.
- **Taschenloch-Bohrvorrichtung:** Perfekt für den Möbelbau. Damit lassen sich Holzplatten ab 12 mm Dicke ganz ohne sichtbare Schraubverbindungen oder Winkel miteinander verbinden.
- **Möbelschrauber:** Ein kleiner, kompakter Akkuschrauber ist hilfreich beim Versenken von Schrauben an schwer zugänglichen Stellen.

Akkuschrauber

> **Tipp:** Halte die Baustelle sauber! Das spart Zeit und Nerven.
> Lege jedes Werkzeug wieder an seinen Platz zurück. Dann musst du nicht danach suchen.
> Stelle Kisten für den Abfall bereit und vergiss dabei die Mülltrennung nicht. Räume jeden Abend die Baustelle auf. Kehre Sägespäne zusammen und bringe alles wieder an den dafür vorgesehenen Platz. So beginnt jeder neue Ausbau-Tag rasch und konzentriert.

Elektrische Stichsäge

Schleifmaschine

Das richtige Material

Beim Wohnmobilausbau sollte man immer das Gewicht im Auge behalten. Es gilt, so leicht, aber dabei so robust wie möglich zu bauen. Beachte unbedingt die maximale Nutzlast deines Fahrzeuges! Welches Holz ist also am besten geeignet? Nachstehend eine Übersicht der gängigsten Holzarten mit ihren Vor- und Nachteilen.

Pappel-Sperrholz

Das meistverwendete Holz für den Möbelbau im Camper ist Pappel-Sperrholz. Es ist sehr leicht und lässt sich gut verarbeiten. Die Oberfläche sollte jedoch nachbehandelt werden, da sie sonst sehr anfällig für Schmutz, Kratzer und Flüssigkeiten ist. In ausgewählten Baumärkten erhält man die Platten auch bereits beschichtet, was sie wasser- und schmutzunempfindlicher macht. Sperrholz gibt es auch aus Buche, Birke, Mahagoni und vielen weiteren Baumarten.
- ➕ sehr leicht
- ➕ gut zu verarbeiten
- ➕ günstig
- ➕ flexibel
- ➖ weich/kann sehr leicht verkratzen
- ➖ nicht wasserfest

6 mm; 2,4 kg/m²
10 mm; 3,4 kg/m²
12 mm; 5,2 kg/m²

Eignet sich für: Möbelbau sowie Seiten- und Deckenverkleidung

Dreischichtplatten Fichte

Dreischichtplatten (3S-Platten) werden aus drei Lagen massivem Holz (meistens Fichte) verleimt, wobei die Holzfaser der benachbarten Lagen in einem Winkel von 90° zueinander verlaufen. Dadurch wird das Holz sehr stabil und verzieht sich weniger. Besonders gut eignet sich dieses Holz z. B. für einen ausziehbaren Tisch.
- ➕ sehr stabil (biegt sich nicht durch)
- ➕ schöne Optik
- ➕ einfach zu verarbeiten
- ➖ erst ab ca. 19 mm Dicke verfügbar

19 mm; 8,93 kg/m²

Eignet sich für: Möbelbau

Profilholz Fichte

Profilholz wird sehr oft bei Decken und Wandverkleidungen im Camper verwendet. Es ist leicht zu verarbeiten und sieht schön aus. Leider splittert es leicht und sollte daher nur mit äußerster Vorsicht im Bus verbaut werden.
Achtung: Einige TÜV-Prüfer lassen diese Verkleidung nicht durchgehen!
- ➕ schöne Optik
- ➕ leicht zu verarbeiten (Nut und Feder)
- ➕ günstig
- ➖ lange Splitter

z. B. 1,25 cm; ca. 5 kg/m²

Eignet sich für: Decken & Wandverkleidung

MDF-Platten (Mitteldichte Faserplatten)

Gut geeignet für Wand- und Deckenverkleidungen. Die beschichtete Seite ist unempfindlich gegen Schmutz und Wasser. Am besten kauft man doppelt beschichtete

Platten oder versiegelt die Rückseite selbst mit Klarlack. Andernfalls ziehen diese Platten schnell Feuchtigkeit an und quellen auf.
- ⊕ leicht
- ⊕ einfach zu verarbeiten
- ⊕ einfach zu reinigen
- ⊕ bereits beschichtet erhältlich
- ⊕ flexibel
- ⊕ kein Splittern
- ⊖ unbeschichtet sehr wasserempfindlich

z. B. 3 mm; 2,52 kg/m²

Eignet sich für: Decken & Wandverkleidung

Siebdruckplatten

Multiplex- und Siebdruckplatten sind sich sehr ähnlich. Siebdruckplatten sind jedoch besser gegen Feuchtigkeit geschützt und halten mechanischer Belastung stand.
- ⊕ stabil
- ⊕ wasserfest (auch im Außenbereich)
- ⊕ mechanisch widerstandsfähig
- ⊖ Preis
- ⊖ Gewicht

z. B. 12 mm; 8,20 kg/m²

Eignet sich für: Boden und witterungsbeständige Auszüge

Multiplex (Furnier-Sperrholzplatten)

- ⊕ stabil
- ⊕ für geschützte Innenbereiche
- ⊕ mittelschwere Belastung
- ⊖ Preis
- ⊖ Gewicht

15 mm; 10,20 kg/m²

Eignet sich für: Boden und witterungsbeständige Auszüge

OSB-Platten (Grobspanplatten):

Günstige Alternative als Bodenplatte. Durch das Nut-und-Feder-System schließen die Platten gut ineinander ab. Ein einfacher, flexibler Ein- und Ausbau der Bodenplatte wird durch die Unterteilung möglich.
- ⊕ günstig
- ⊕ Klasse 3 & 4 wasserfest
- ⊕ leicht zu verarbeiten (Nut und Feder)
- ⊖ Verschraubungen können leicht ausreißen

z. B. 22 mm; 14 kg/m²

Eignet sich für: Boden

Unterkonstruktionslatten/Rahmenholz

Perfekt für einen einfachen, schnellen Rahmen für die Möbel. Achte beim Einkauf darauf, dass die Latten gerade sind. Leider gibt es nämlich viele Kanthölzer, die bereits im Baumarkt eine Biegung aufweisen und verzogen sind.
- ⊕ günstig
- ⊕ in sehr vielen Stärken verfügbar
- ⊕ leicht zu verarbeiten

z. B. 200 × 3,6 × 1,8 cm; 0,6 kg

Eignet sich für: Möbelbau

> **Tipp:** Kaufe dein Holz erst dann, wenn du dich für einen Grundriss entschieden hast und weißt, wie viel du für welchen Bereich benötigst. So sparst du Zeit und Geld.

Den Innenraum vorbereiten

Um den Bus für den Ausbau vorzubereiten, müssen im Laderaum zunächst alle Einbauten und Abdeckungen entfernt werden.

> Je nach Fahrzeugtyp gibt es **Besonderheiten** beim Ausbauen der verbauten Teile, sodass man Stück für Stück vorgehen muss. Außerdem gibt es typische Roststellen. Es ist sinnvoll, dich im Vorfeld darüber beim Fachmann oder auch im Internet zu informieren.

Seitenabdeckungen sowie der Himmel lassen sich leicht mit einem Akkuschrauber und/oder einem Demontagekeil entfernen. An den Seitenwänden ist es am einfachsten, sich von unten nach oben vorzuarbeiten. Für den Rost-Check solltest du auch einen Blick unter die Abdeckungen (Trittstufe, …) werfen. Wurde in deinem Fahrzeug außerdem bereits etwas mit Schrauben, Nieten oder Silikon befestigt, so löse und entferne auch diese Bereiche. Auch die **Bodenplatte** muss, falls vorhanden, entfernt werden, um die Karosserie darunter auf Rost prüfen und den Boden später isolieren zu können. Je nach vorheriger Verwendung des Fahrzeugs kann die Bodenplatte außer mit der Verschraubung auch mit Silikon mit dem Bodenblech verbunden sein. Das wird dich wahrscheinlich einen zusätzlichen Arbeitstag kosten, aber du kannst sie mit etwas Silikonentferner und einem scharfen Cuttermesser lösen. Je nach Fahrzeug muss vor dem Entfernen der Bodenplatte die eventuell vorhandene Trennwand herausgenommen werden. Überprüfe nun jede noch so kleine Stelle in deinem Fahrzeug auf Rost.

So manche Schraube ließ sich einfach nicht lösen, also musste eine radikalere Lösung her.

Anleitung T5: Verbaute Teile entfernen

Auch unser T5 hat so seine Besonderheiten, auf die man sorgfältig achten sollte: Beim T5 z. B. besteht die **Trennwand** aus zwei Teilen, oben und unten. Der obere Teil ist wie die Himmelverkleidung mit einer Latte befestigt. Nimm also die Latte mithilfe eines Demontagekeils vom Fahrerbereich aus vorsichtig hinaus, bevor du die darunter befindlichen Schrauben löst. Bei den VW-Bussen scheint die **Trittstufe** bei der Schiebetüre besonders anfällig für Rost zu sein. Löse diese gleichmäßig, um nachzusehen, ob hier kein Rost ist. Hier siehst du die Unterseite der ausgebauten VW-Trittstufe (Bild 1). Zum **Wiedereinsetzen** nach der Rostentfernung (s. S. 24/25) löse zuerst die Plastikabdeckungen der unteren Schrauben (Bild 2). Bringe die Schrauben dann im Kunststoff der Stufe an (Bild 3) und drücke die gesamte Triffstufe fest. Auch die **Schiebetürführung** ist eine bereits bekannte Roststelle. Um die Führung zu lösen, muss das rechte Rücklicht abgeschraubt und jeweils eine Schraube beim Rückfahrlicht und eine bei der Schiebetüre entfernt werden. Anschließend mit dem Demontagekeil die Abdeckung aushebeln.

Du brauchst

- » Reinigungsmittel
- » Silikonentferner
- » Demontagekeile
- » Cuttermesser
- » Bohrmaschine
- » Zange
- » Schraubenschlüssel

Anleitung: Rost und Lack entfernen

Nach dem Ausbau aller verbauten Teile sind alle **Roststellen** sichtbar, wie hier an der Innenseite des Radkastens (Bild 1). Trage nun alles lose Material ab und versuche, den Rost so gut wie möglich **wegzuschleifen** (Bild 2). Mit einem kleinen, scharfen Messer kannst du den Lack rund um den Rost entfernen. Das ist wichtig, um nachzusehen, ob sich hier noch mehr versteckt hat.

Wenn du den gesamten Rost an einer Stelle entfernt hast (Bild 3), reinige die betroffenen Stellen mit **Silikonentferner**. Versiegle schließlich die Stelle mit **Rostumwandler**, um den Rostvorgang zu stoppen und eventuell übrig gebliebenen Rost wieder in eine stabile Verbindung umzuwandeln. Es ist ganz normal, dass sich manche Bereiche pechschwarz verfärben (Bild 4).

In den meisten Rostumwandlern ist die **Grundierung** bereits enthalten. Andernfalls wird diese nun aufgetragen. Ist der behandelte Bereich sehr glatt, so raue diese Stelle mit einem Küchenschwamm ein wenig auf. Anschließend kann die bearbeitete Fläche einfach lackiert werden (Bild 5).

Du brauchst

- » Rostumwandler (idealerweise inkl. Grundierung)
- » Schleifbürsten oder -papier, Reinigungsscheiben für den Winkelschleifer oder für die Bohrmaschine
- » Cuttermesser
- » Silikonentferner
- » Lack-Sprühdose in Autofarbe (inkl. Klarlack oder extra Klarlack)
- » Kunststoff-Demontagekeile

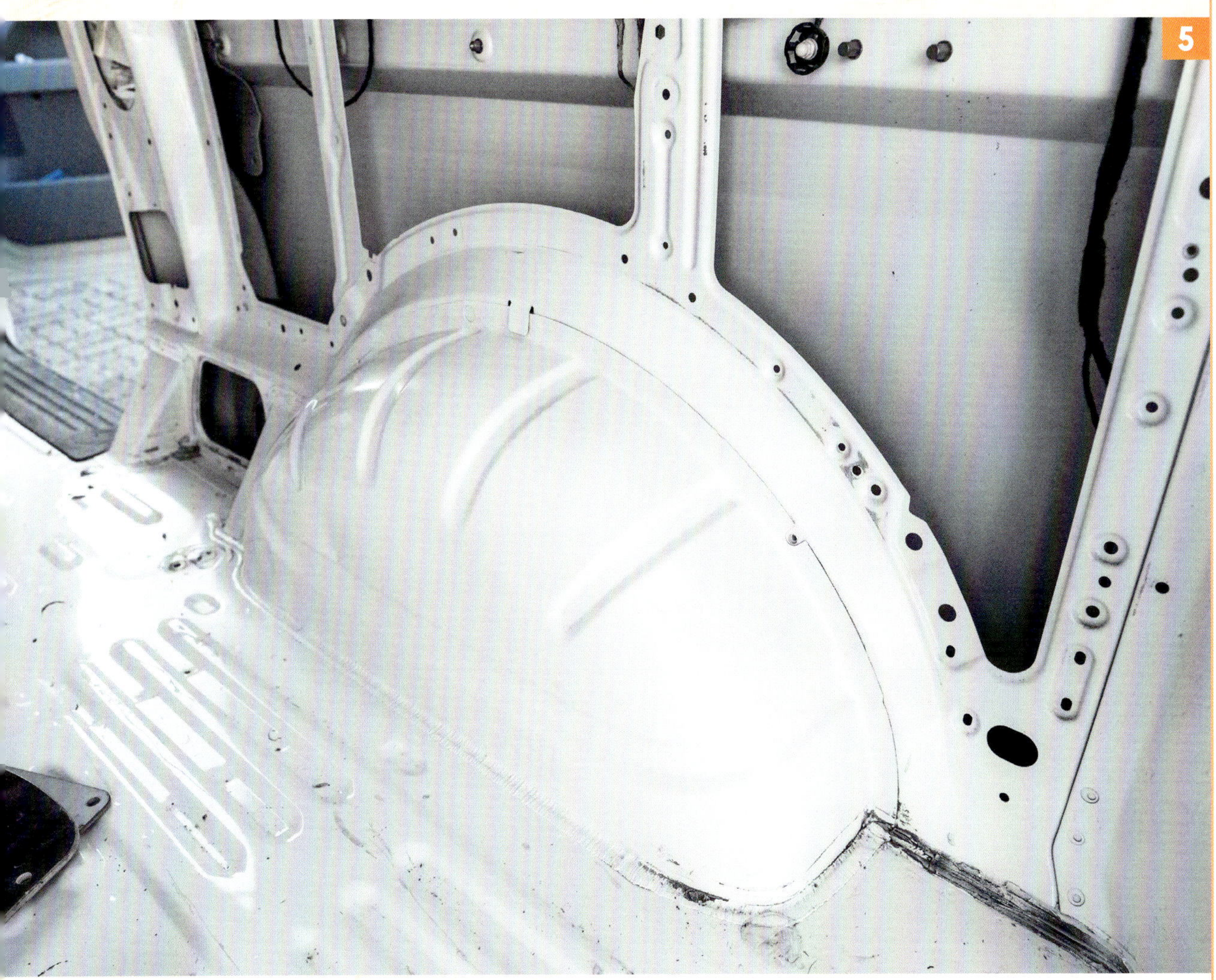

Dach & Fenster

Die meisten Basisfahrzeuge, die in einen Camper umgebaut werden, verfügen noch über keine oder zu wenige Fenster. Diese sind für Licht und Belüftung im Fahrzeug aber wichtig und sollten eingeplant werden. Hat man sich für ein Fahrzeug ohne Stehhöhe (H1) entschieden, kann über den Einbau eines flexiblen Daches nachgedacht werden.

Flexibles Dach

Dies betrifft dich nur, wenn du in deinem wahrscheinlich H1 hohen Bus ein Aufstell-, Schlaf- oder Hubdach/Pilzdach verbauen möchtest. Obwohl so eine Erweiterung des Fahrzeuges viel Geld kostet, kann es sich lohnen und steigert den Wert des Fahrzeugs im Falle eines Wiederverkaufs.

Schlafdach, Hubdach oder Hochdach?

Das **Schlafdach**, auch bekannt als Aufstelldach, ist die kostspieligste der Varianten. Schließlich gewinnst du hier zusätzlichen Schlafraum. Für alle Varianten gibt es zusätzlich Sonderausführungen. So ist es möglich, ein Panorama-Dach, einen luxuriösen Lattenrost oder auch Stromausgänge im Dach zu haben.

Ein **Hub- oder auch Pilzdach** hingegen dient hauptsächlich der Erhöhung deines Busses an einer bestimmten Stelle, um beispielsweise aufrecht kochen zu können. Schlafen ist in dieser zusätzlichen Ausstattung nicht möglich.

Eine solche Ergänzung deines Fahrzeuges lässt sich auch sehr gut noch nach ein bis zwei Jahren realisieren. Du musst dich also nicht sofort dafür oder dagegen entscheiden. Beachte, dass für den Aufbau alle deine Einbauten aus dem Bus entfernt werden müssen. Deshalb bietet es sich an, nicht zu viel im Bus zu verkleben. Dazu später mehr.

Ein **festes Hochdach** bietet ebenfalls den Vorteil der Stehhöhe. Wegen der hohen Kosten, die für das Nachrüsten eines hohen Daches anfallen, sollte man allerdings überlegen, sich von Beginn an für ein H2/H3-Basisfahrzeug zu entscheiden.

Was ist beim Einbau eines höheren Dachs zu beachten?

Hierfür muss der komplette Himmel des Fahrzeugs entfernt werden. Außerdem ist es wichtig, dass das neue Dach auf die richtigen Träger des Wagens gesetzt wird. Daher ist es empfehlenswert, ein solches Dach vom Fachmann einbauen zu lassen. Die Lieferzeit beträgt in etwa sechs bis acht Wochen, der Einbau selbst geht in zwei, maximal drei Tagen vonstatten.

Vor- & Nachteile eines flexiblen Daches:
- ⊕ aufrechtes Stehen
- ⊕ Frischluft und Licht gelangen in den Bus.
- ⊕ Im Gegensatz zu einem H2 oder höheren Kastenwagen kann man das Dach wieder einklappen und so in Tiefgaragen oder unter Höhenbegrenzungen hindurchfahren.
- ⊕ Im Vergleich zu einem Fahrzeug mit fest verbautem Hochdach spart man auf manchen europäischen Autobahnen Geld.
- ⊖ Bei Regen oder starkem Wind sollte das Dach nicht aufgestellt werden.

Vor- & Nachteile eines festen Hochdachs:
- ⊕ aufrechtes Stehen
- ⊕ mehr Stauraum
- ⊖ Fahren in Tiefgaragen und unter Höhenbeschränkungen nicht möglich

Dachfenster

Ein Dachfenster bietet gute Luftzirkulation und außerdem Licht für den Innenraum des Campers. Ist in einem engen Raum, wie einem Wohnmobil, die Luftzirkulation nicht gegeben, kann es schnell zu Schimmelbildung kommen. Wer zudem eine Gasheizung ohne ausreichend Belüftung betreibt, riskiert sein Leben.

Im Idealfall baust du das Dachfenster in dem Bereich des Busses ein, in dem gekocht wird. So entweicht der Wasserdampf auf schnellstem Weg aus dem Wohnmobil. Die Dachluke fungiert also sozusagen als deine Abzugshaube.

- **Dachfenster zum Aufdrehen:** Die preiswerteste Variante. Der Vorteil des Drehmechanismus ist, dass sich das Fenster stufenlos aufstellen lässt.
- **Dachhauben zum Kippen:** Hier können meist nur feste Stufen eingestellt werden, dafür lässt sich das Fenster schneller öffnen als die Drehvariante.
- **Dachluke mit Fliegengitter:** Unumgänglich, wenn nachts das Fenster offen steht, aber die Mücken draußen bleiben sollen.
- **Dachfenster mit Ventilator:** Bieten besonders gute Luftzirkulation. Diese kann meistens in beide Richtungen betrieben werden. So ist es möglich, beim Kochen das Abziehen des Wasserdampfes zu verstärken. Bei Bedarf schaltet man einfach um und verstärkt die Luftzufuhr von außen.
- **Dachfenster mit Abdunkelung:** Ein Dachfenster bringt viel Licht in den Camper-Innenraum und das nicht nur bei Tag, sondern auch in der Nacht. Zu einer Rollo-Verdunkelung ist daher zu raten.
- **Dachhaube mit Zwangsbelüftung:** Die Zwangsbelüftung stellt einen dauerhaften Austausch der Raumluft im Wohnmobil sicher, auch bei geschlossenem Fenster. Das ist z. B. dann sinnvoll, wenn das Dachfenster über einer Nasszelle verbaut wird. Eine Dachluke mit Zwangsbelüftung transportiert außerdem nachts die durch das Schlafen entstehende Luftfeuchtigkeit nach außen. Diese Funktion kann aber im Winter oder in stürmischen Nächten zum Nachteil werden.

Anleitung: Dachfenster einbauen

Zuerst muss die richtige Position für das Fenster gefunden werden. So ist es beim Ausschneiden des Dachfensters sehr wichtig, keine tragenden Holme zu durchtrennen.
Kastenwagen-Dächer wie die von Citroën Jumper, Fiat Ducato, VW Crafter oder Bussen wie VW T4/T5 sind oft geriffelt oder gewölbt. Falls es sich nicht vermeiden lässt, können diese Rillen entweder aufgefüllt oder ausgeglichen werden. Mit einem Gummi- oder Kunststoffhammer kannst du die zu hohen Stellen flach schlagen.
Zur Vorbereitung des Einbaus klebe die Stelle, an der geschnitten wird, mit Kreppband ab. Dann zeichne die Größe des Fensters außen oben auf das Dach (auf das Kreppband!).

Du brauchst
- » Dachhaube nach Wahl
- » Kantholz/Holzlatten
- » Kreppband
- » Silikonentferner
- » Rostschutzlack
- » Dichtmittel + Einkomponenten-Klebstoff
- » Akkuschrauber + großer Metallbohrer
- » Gummihammer
- » Stichsäge + Metallsägeblatt
- » Maßband + Bleistift

Zum **Ausschneiden der Fensteröffnung** bohre vier Löcher in die Kanten und säge anschließend mit einer Stichsäge den Ausschnitt (**Bild 1**). Das geht alternativ

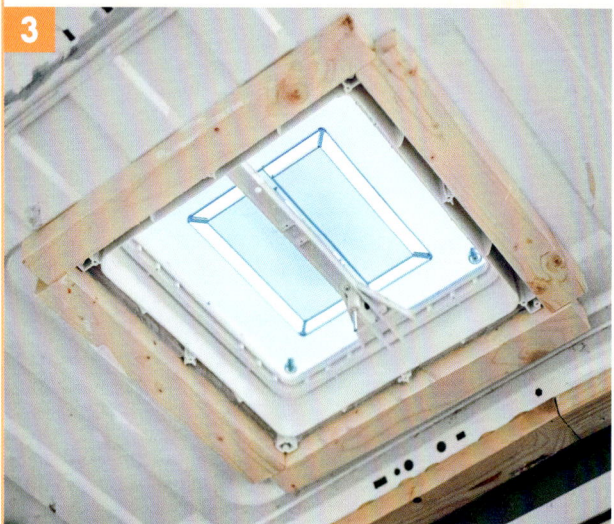

auch mit einem Winkelschleifer. Danach schleifst du scharfe Schnittkanten gut ab. Die Riffelung ist hinderlich beim passgenauen Einsetzen des Fensters. Diese Wölbungen kannst du mit einem Hammer **flachklopfen**, indem du von unten einen breiten Hammer oder anderen festen Gegenstand dagegenhältst (Bild 2). Reinige anschließend das Blech rund um den Ausschnitt mit Silikonentferner, behandle die offenen Stellen mit Rostschutz und lasse alles trocknen.

Da dein Dach sehr wahrscheinlich nicht die richtige Stärke für ein Dachfenster aufweist, benötigst du einen **Holzrahmen**. Reinige zunächst das Dach um den Ausschnitt von innen mit Silikonentferner. Dann klebst du den Rahmen mit Einkomponenten-Kleb- und Dichtstoff von innen an den unteren Rahmen (Bild 3).

Nun wird die Dachluke **abgedichtet**. Trage dazu eine gute Portion abtupfbares Dichtmittel entlang der dafür vorgesehenen Rillen im Dachfenster auf (Bild 4). Drücke nun die Dachluke von außen auf das Dachblech.

Verschraube nun den oberen und unteren Teil des Fensters und dichte die Schrauben ab, sodass sie nicht zu rosten beginnen.

> **Tipp:** Verwende ein Dichtmittel, das nicht komplett aushärtet, sondern stets elastisch bleibt. Somit lässt sich das Fenster im Bedarfsfall leichter austauschen.

Seitenfenster

Es gibt zahlreiche Möglichkeiten, wo man welches Fenster im Camper verbauen kann.
Eventuell hast du in deinem Bus auch bereits ein Fenster. Sollte dieses nicht gut isoliert sein, was oft der Fall ist, kannst du hierfür nachts Thermofolie (s. ab S. 138) anbringen.
Position und Anordnung der Fenster hängen von deinem Grundriss und deinen Vorlieben ab. Idealerweise verbaust du ein Fenster bei der Küche, damit Kochgerüche und -dämpfe gut abziehen können. Ein Fenster in der Schiebetür dient dem Durchzug, falls kein Dachfenster vorhanden ist, und bringt mehr Licht. Ein oder zwei Fenster in der Heckklappe oder den Flügeltüren bringen ebenfalls bessere Belüftung und mehr Tageslicht.

Ausstell- oder Schiebefenster?

Die häufigsten Varianten sind Schiebe- oder Ausstellfenster.
Der große Vorteil des **Ausstellfensters** ist Frischluft auch bei Regen. Bei Regen ist das Öffnen des Schiebefensters zwar möglich, aber nicht ratsam.
Der Vorteil des **Schiebefensters** ist jedoch, dass es ganz geöffnet werden kann.
Wohnmobil-Fenster gibt es als Glas- oder Kunststofffenster. Glasfenster bieten meist eine weniger gute Isolierung. Außerdem gibt es die Fenster verdunkelt oder klar sowie mit oder ohne Fliegengitter.
Achte beim Kauf deines Fensters außerdem auf eine TÜV-Zertifizierung.

> **Achtung:** Je größer das Fenster ist, desto mehr kostet es.
> Große Fenster laden zudem eher zu einem Einbruch ein.

Anleitung: Seitenfenster einbauen

Um die vom Hersteller angegebene Wanddicke zu erreichen, ist es notwendig, einen **Holzrahmen** für das Fenster zu bauen (**Bild 1**). Der Rahmen wird außerhalb des Ausschnittmaßes an der Innenseite des Wohnmobils angebracht. Vergiss nicht, die Breite des Kantholzes mit einzurechnen.

> **Tipp:** Wir empfehlen ein eher schmales Kantholz, da die Breite keinen besonderen Nutzen hat.

Wenn du dir über die **Position des Fensters** (**Bild 2**) im Klaren bist, klebe die gewünschte Stelle außen mit Kreppband ab, um den Lack vor Kratzern zu schützen. Die Schnittkante lässt sich mithilfe des Rahmens gut einzeichnen. Orientiere dich dabei an den bestehenden Außenkanten des Fahrzeugs, um eine gerade Optik zu erhalten.

Du brauchst

- Fenster nach Wahl
- abtupfbare Dichtmasse
- Einkomponenten-Kleb- und Dichtstoff
- Holzlatten
- Stichsäge + Metallsägeblatt
- Akkuschrauber/Bohrmaschine + großer Metallbohrer
- 6–8 Zwingen
- Schutzlack
- Silikonentferner
- Maler-Kreppband
- Schrauben
- Metallfeile
- Maßband/Zollstock
- Kartuschenpistole
- Stift

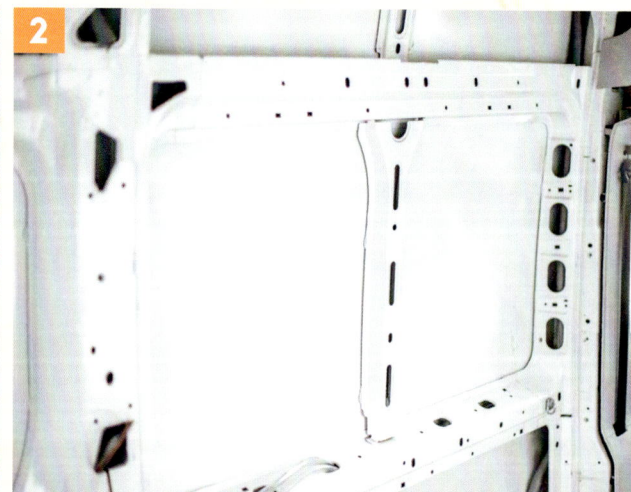

Bohre nun **vier größere Löcher** an den Ecken des Fensters, sodass du die Stichsäge einsetzen kannst.
Wenn du von innen entschieden hast, wo das Fenster hinkommt, bohre zuerst von innen vor und säge dann von außen. Wenn du von außen entschieden hast, stelle unbedingt vor dem Bohren sicher, dass du keine großen Metallstreben an der Innenseite durchtrennst, um die Stabilität deines Fahrzeugs nicht zu beeinträchtigen. Kleine Streben, die das Blech lediglich vor Vibrationen schützen, kannst du problemlos durchtrennen.
Nun geht es ans **Ausschneiden**: Setze ein Metallsägeblatt in deine Stichsäge ein und schneide vorsichtig entlang deiner Einzeichnung. Säge zunächst lieber etwas sparsamer. Nachschneiden kannst du immer, aber was weg ist, ist weg!
Versuche nun das Fenster einzusetzen, um zu sehen, ob der Ausschnitt groß genug ist. Säge oder feile Unebenheiten ganz einfach nach, bis das Fenster in den Rahmen passt.

Wichtig: Trage bei der Arbeit Handschuhe und eine Schutzbrille. Wische nach dem Sägen die Karosserie gut ab und sauge das Fahrzeug in diesem Bereich gründlich.

Nun wird der **Fensterrahmen eingebaut**. Reinige zunächst den Bereich des Rahmens mit Silikonentferner und klebe dann den Holzrahmen mit Einkomponenten Kleb- und Dichtstoff an die Innenseite des Fahrzeugs. Sitzt der Rahmen gut, fixiere ihn mit mindestens acht Klemmen an der Karosserie (**Bild 3**). Ziehe die Klemmen in regelmäßigem Abstand an und überprüfe, ob noch Platz zwischen Karosserie und Holz bleibt. Das kann beispielsweise sein, wenn das Fenster nahe einer Querstrebe ist. Hier kannst du mit kleinen Holzstücken auffüllen. Achte darauf, den vom Fensterhersteller angegebenen maximalen Abstand zwischen Außen- und Innenrahmen nicht zu überschreiten.

Der Klebstoff muss nun mindestens vier Stunden lang trocknen. Entferne nach der Trocknungszeit die Klemmen sowie das restliche Kreppband und trage **Schutzlack** auf die noch offenen Stellen, also die Schnittkanten, auf. Beachte auch hier die benötigte Trocknungszeit. Den Außenrahmen dichtest du am besten mit einer plastischen, nicht aushärtenden **Dichtmasse** ab. Nun kannst du das Fenster vorsichtig von außen einsetzen und anschließend mit dem Innenrahmen **verschrauben**. Die Fenster einiger Hersteller werden mit L-Winkelstücken am Rahmen fixiert. Mit diesen Winkelstücken wird das Außenfenster fest an das Campingfahrzeug angepresst (Bilder 4 und 5).
Schraube nun den Innenrahmen des Fensters fest und fertig ist dein Fenster im Bus (Bild 6).

Dachgepäckträger

Das Dach und die Anordnung der Dinge auf dem Dach solltest du ganz zu Beginn deines Ausbaus planen. Stelle dafür sicher, dass die dafür vorgesehenen Stellen am Dach gut zugänglich und alle Schrauben vorhanden sind.

Wofür brauche ich auf dem Dach Platz?
Falls es sich nur um die Solaranlage handelt, kannst du diese auch am Dach verkleben. So sparst du dir den Träger und damit die zusätzliche Fahrzeughöhe. Andere Dinge, die auf dem Dach angebracht werden können, sind Sportgeräte, wie Fahrräder oder Surfboards, oder auch Aufbewahrungsboxen. Du könntest auch Latten auf den Dachgepäckträgern anbringen und dir so eine kleine Dachterrasse bauen.
Egal, wie du dich entscheidest, beachte die **maximale Nutzlast** deines Daches! Beim Verbau eines Aufstelldaches reduziert sich diese auf ein Minimum.

Um Gegenstände auf das und vom Dach herunterzuheben, solltest du eine **stabile Leiter** dabeihaben. Diese kann eine fest am Fahrzeug verbaute Leiter (TÜV!) oder eine handliche Teleskopleiter sein.
Bei der Anbringung der Dachträger musst du natürlich berücksichtigen, ob, und wenn ja wo, das **Dachfenster** ist. Führe die Balken des Gepäckträgers nicht über das Fenster, sonst kannst du es nicht mehr öffnen.
Falls du ein **Solarpanel** anbringen möchtest (s. S. 64 ff.), solltest du jetzt entscheiden, wo es sich befinden soll, damit du den Durchgang nach Innen und die damit verbundene Verkabelung planen kannst.

> **Markise:** In diesem Stadium deines Ausbaus kannst du auch über eine Markise nachdenken. Ein Nachrüsten zu einem späteren Zeitpunkt ist natürlich möglich.

Isolierung

Du solltest deinen Camper nun unbedingt isolieren. Das ist aus verschiedenen Gründen wichtig, nicht nur was den Komfort, sondern auch die Haltbarkeit deines Fahrzeugs anbelangt.

Temperaturregulierung – Wärme/Kälte: Die Isolierung an den Wänden hilft, die Temperatur im Fahrzeuginneren zu regulieren. So bleibt es im Sommer angenehm kühl und im Winter einigermaßen warm.

Geräuschminderung: Fahrgeräusche sowie Geräusche, die von außen nach innen oder auch von innen nach außen dringen, werden durch die Isolierung gedämmt. Das Fahren sowie deine Nächte werden dadurch um einiges angenehmer.

Vermeidung von Tauwasser: Durch das Leben und die Aktivitäten im Bus – also Kochen, Schlafen, Atmen usw. geben wir Wasser an die Luft ab. Sobald diese Luftfeuchtigkeit auf kältere Oberflächen, wie z. B. das kalte Blech der Karosserie, trifft, kondensiert sie. Dadurch bilden sich kleine Tropfen. Die Folgen können unter anderem Schimmelbildung oder Rost sein. Mit einer guten Isolierung des Campers kann das vermieden werden.

Das richtige Material zum Isolieren

Es gibt verschiedene Materialien, die sich zur Dämmung eines Campers eignen. Das Material sollte „geschlossenporig" sein, damit es keine Feuchtigkeit aufnehmen kann. Glas- oder Steinwolle sind somit ungeeignet. Am besten eignen sich selbstklebende **Dämmmatten**, die es von unterschiedlichen Anbietern gibt. Sie nehmen keine Feuchtigkeit auf, isolieren gut und sind leicht zu verarbeiten.

Hier gibt es unterschiedliche Ausführungen bezüglich der Dämmwerte und anderer technischer Eigenschaften. Es lohnt sich, in gute Dämmwerte und Verarbeitung zu investieren.

Alternativ kann man den Bus auch mit **Korkmatten** isolieren. Das ist ein schönes Naturmaterial, aber teurer, schwerer und auch komplizierter in der Anbringung, da man mit einem Zweikomponenten-Kleber arbeiten muss. Wer damit keine Erfahrung hat, kann hier schnell Probleme bekommen.

Der direkte Vergleich: Kondensat nach einer Nacht im Bus: links mit, rechts ohne Isolierung

Anleitung: Wand und Decke isolieren

Du brauchst
» Cutter-Messer
» Silikonentferner

L2H2 Camper
» 3 Rollen selbstklebende Dämmmatten, 19 mm
» 2 Rollen selbstklebendes Isolierband

VW T5 Camper
» 2 Rollen selbstklebende Dämmmatten, 19 mm
» 2 Rollen selbstklebendes Isolierband

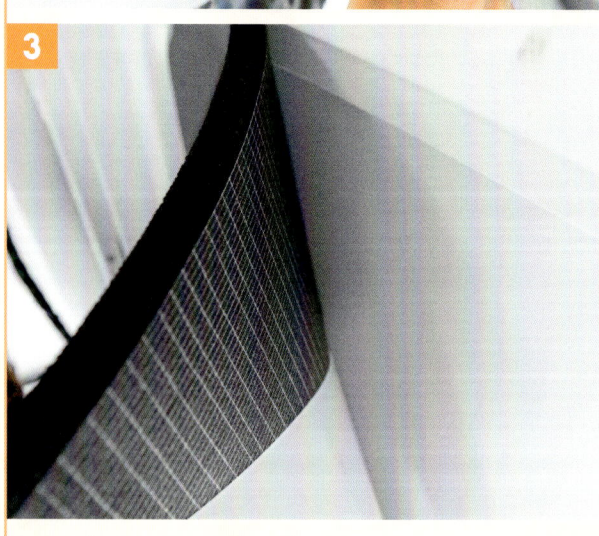

Reinige zunächst alle zu isolierenden Oberflächen mit Silikonentferner und einem sauberen Lappen.
Schneide dann die Isolierungsmatten zu. Übertrage dazu die Maße mit einem Bleistift und schneide sie mit einem Cuttermesser aus. Für Rundungen hältst du die Matte an die entsprechende Stelle und ritzt die Form mit dem Cutter-Messer lediglich einige Millimeter tief ein (Bild 1). Dann nimmst du die Matte wieder ab und schneidest sie auf festem Untergrund aus. Wenn du die Matte passend zugeschnitten hast, kannst du sie auf das Blech **kleben**. Ziehe dazu, an einer Ecke beginnend, zunächst nur einen Teil der Folie ab (Bild 2). Drücke die gelöste Ecke an der richtigen Stelle fest und ziehe dann während des **Festdrückens** die Folie mit einer Hand langsam und regelmäßig ab (Bild 3). Ist die gesamte Folie entfernt, drücke die gesamte Dämmung noch einmal fest an das Blech.

Überklebe anschließend die Schnittstellen und Ränder mit 3 mm dickem, selbstklebendem **Isolierband**. Das ist wichtig, damit sich die Isolierung an diesen Stellen nicht vom Blech löst. Mit dem Isolierband kannst du außerdem kleinere Stellen überbrücken und Übergänge zu Holmen isolieren.

Achtung: Wenn du ein **Solarpanel** verbauen möchtest, brauchst du für die Durchführung des Anschlusses noch ein kleines Loch im Dach. Lasse hierfür die gewünschte Stelle frei und isoliere später darum herum.

Anleitung: Bodenplatte einbauen

Du brauchst
» OSB-Platte oder Siebdruckplatte
» Stichsäge
» Maßband + Stift
» evtl. Feile/Schleifer
» evtl. Gummihammer

Die Bodenplatte deckt die Bodenisolierung ab und dient als Basis für deinen gewünschten Bodenbelag.
Je nachdem, wie gut eine eventuell bereits vorhandene Bodenplatte noch in Schuss ist, kannst du diese natürlich weiterverwenden.
Für unseren VW T5 haben wir eine neue eingebaut, da die alte doch sehr ramponiert war. Wir entschieden uns für eine OSB-Spanplatte Klasse 4, da diese wasserfest und kostengünstig ist.
Im Jumper verwendeten wir die bereits vorhandene Siebdruck-Bodenplatte.
Stecke die einzelnen **OSB-Spanplatten** zu einer großen Platte zusammen (**Bild 1**). Kennzeichne die Übergänge mit einem Strich (**Bild 2**) und **nummeriere** nun die Platten durch, damit du sie später im Bus wieder richtig zusammenstecken kannst. Lege die alte Bodenplatte auf deine neue und zeichne die **Form** mit einem dicken Stift nach (**Bild 3**).

Trenne die einzelnen OSB-Platten wieder und **säge** sie entlang der Markierungen aus. Lege nun eine Platte nach der anderen in deinen Bus, wobei du eventuell etwas nachsägen musst.
Stecke die Platten zusammen und klopfe die Verbindungen mit einem Gummihammer fest (**Bild 4**).
Du solltest die Bodenplatte (noch) nicht an die Karosserie kleben, weil du sie noch isolieren wirst. Außerdem kannst du sie so später wieder herausnehmen, z. B. für den Einbau eines Safes oder für Arbeiten am Unterboden. Das Lösen eines verklebten Bodens ist sehr arbeitsintensiv und könnte die Platten unbrauchbar machen.

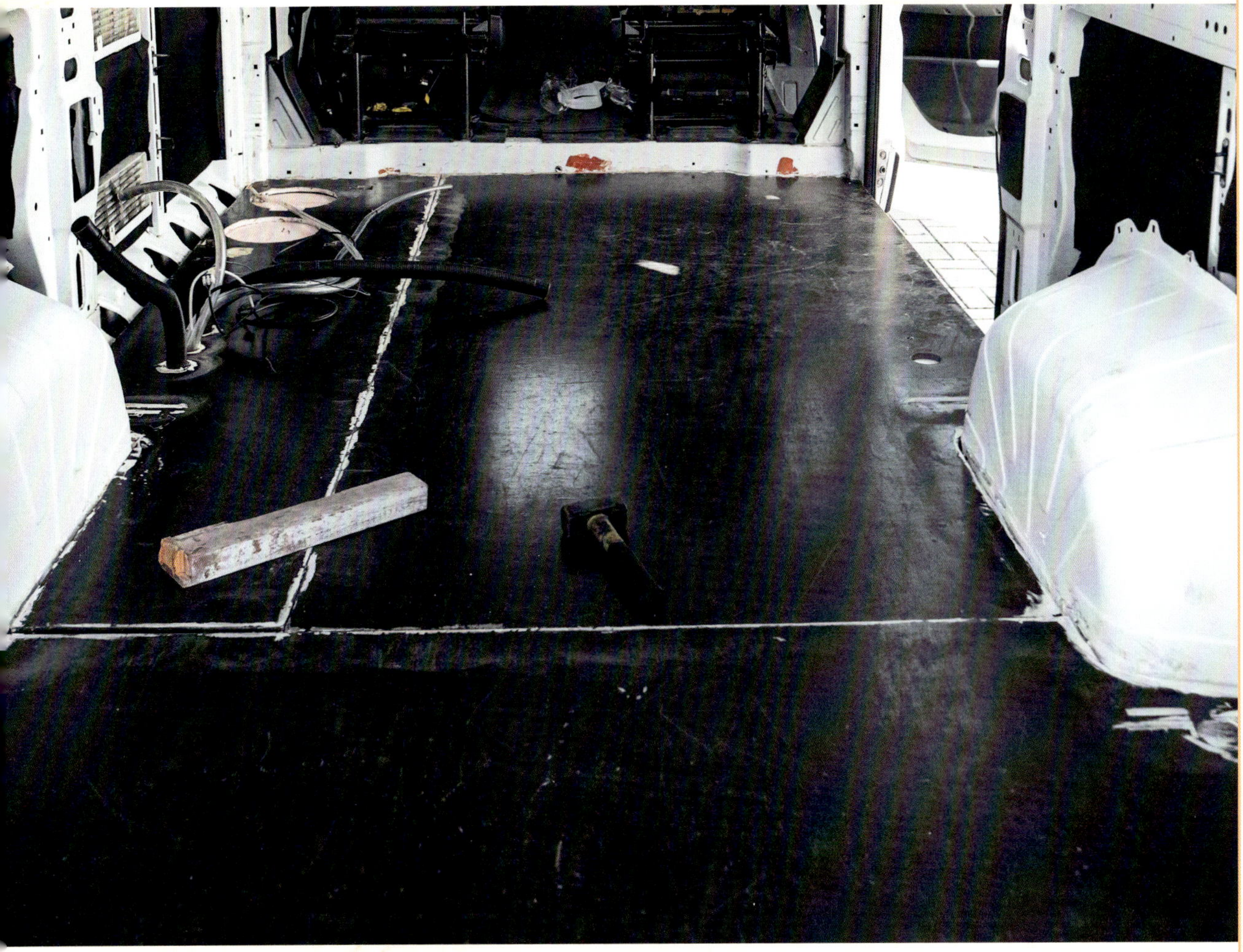

Wieder verwendete Siebdruck-Bodenplatte im Citroën Jumper

3

4

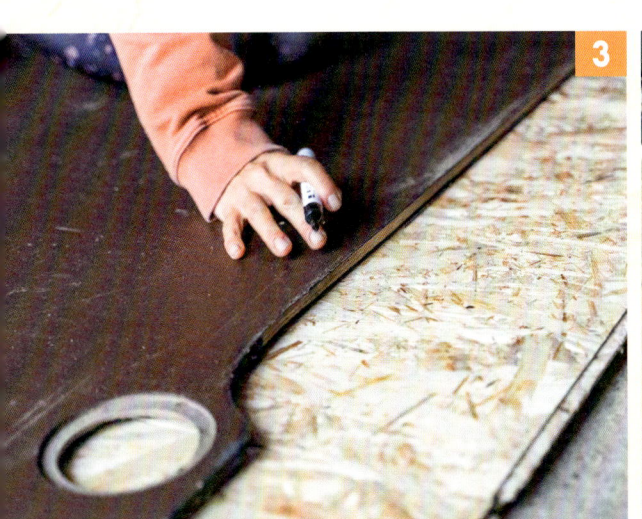

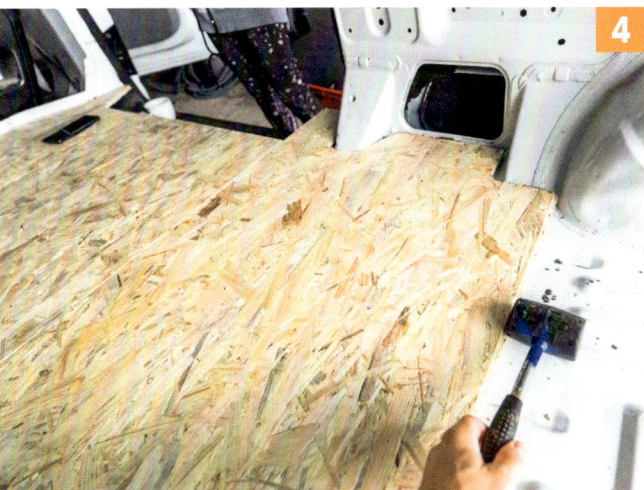

Anleitung: Boden isolieren

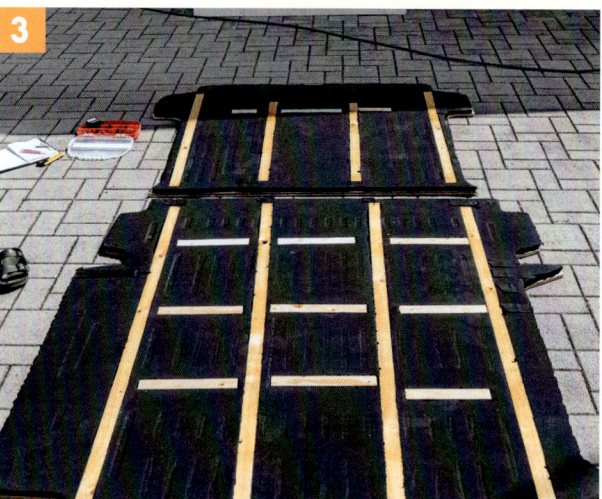

Für die Isolierung des Bodens gibt es zwei Möglichkeiten:

Hartschaumplatten
Sie sind günstig und lassen sich auf geraden Flächen einfach verlegen. Die Hartschaumplatten müssen nicht angeklebt werden, da das Gewicht der Bodenplatte sie in Form hält. So können eventuelle Reparaturen am Boden ohne viel Aufwand durchgeführt werden.

Selbstklebende Dämmmatten, 19 mm
Diese Dämmmatten werden an der Unterseite der Bodenplatte angebracht, nicht am Boden selbst. Für eine bessere Stabilität und damit die Isolierung nicht zusammengedrückt wird, sollten Holzplanken eingezogen werden. So liegen die Bodenplatte und das ganze Gewicht des Innenausbaus nicht direkt auf den Isoliermatten auf.
Im T5 entschieden wir uns auf Grund der bereits begrenzten Innenhöhe für diese Variante.

Du brauchst

Material:
- » Hartschaum-Platten oder selbstklebende Dämmmatten, 19 mm
- » evtl. Kanthölzer, Schrauben und Leinöl

Werkzeug:
- » Cuttermesser
- » Maßband
- » evtl. Pinsel

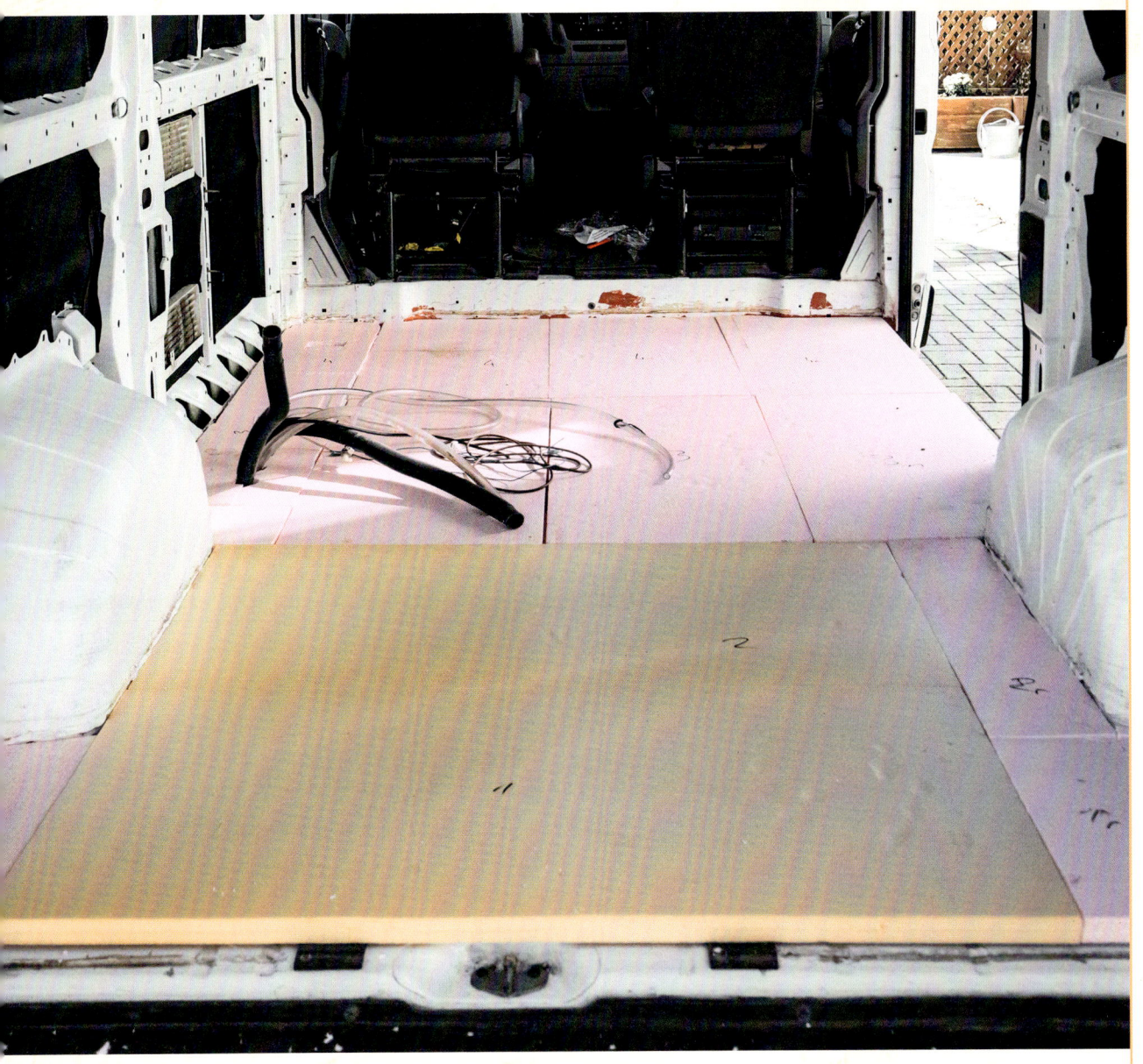

Boden-Isolierung mit Hartschaumplatten im Citroën Jumper

Um das Eindrücken des Dämmstoffes zu vermeiden, lege zuerst **Kanthölzer** aus (**Bild 1**). Bestreiche die Latten mit Leinöl (**Bild 2**), um sie vor Feuchtigkeit zu schützen, und lasse sie trocknen.
Schraube die Kanthölzer an die Bodenplatte. Die freibleibenden Zwischenräume wurden **mit Isoliermatten ausgefüllt**. Deine Bodenplatte ist nun fertig und bereit wieder im Bus verlegt zu werden (**Bild 3**). Klebe sie aber noch nicht an – vor allem nicht, wenn du später z. B. noch einen Safe verbauen möchtest. Wie das geht, erfährst du auf S. 76.

Radkästen isolieren und verkleiden

Die Radkästen gehören zu den Dingen in einem Kastenwagen, die dir beim Ausbau etwas im Weg sein und Platz wegnehmen werden. Ohne Räder jedoch keine Reise, also müssen sie wohl oder übel drinbleiben.

Für die Isolierung entschieden wir uns beim VW, an der Innenseite lediglich selbstklebendes Isolierband zu verkleben und im oberen Bereich 19 mm dicke selbstklebende Dämmmatten. So gewannen wir etwas Raum zwischen den Radkästen.

Am einfachsten ist es, die Radkästen mit einer Holzkonstruktion zu **verkleiden**. Dadurch kannst du den Raum daneben und darauf als Stauraum nutzen und deine Isolierung ist gut vor Abnutzung geschützt. Bei dem ohnehin schon sehr knappen Platz im Camper sollte man keinen Raum verschenken. So kann man rund um die Radkästen einen Kasten bauen, der sich nach oben öffnen lässt und als **Stauraum** für „weiche" Sachen, wie Bettwäsche, Polster, etc. dient. So haben wir uns im VW Bulli dazu entschieden, einen Toplader-Schrank zu bauen. Die Anleitung dazu gibt es auf S. 106.

Radkasten im Citroën Jumper mit Holzverkleidung

Elektrik

Die Installation der Elektrik im Camper will gut geplant und sorgfältig durchgeführt sein. Hierfür sind zunächst die Ermittlung des Strombedarfs und die Wahl der richtigen Batterie wichtig. Außerdem gibt es verschiedene Möglichkeiten, den Camper mit Strom zu versorgen.

Wie viel Strom benötige ich?

Um diese Frage zu beantworten, solltest du zunächst überlegen, welche Geräte du im Camper betreiben willst, welche Leistung sie haben und wie oft du sie wahrscheinlich verwenden wirst.

Bei Geräten wie **Licht** und dem **Campingkühlschrank** ist das ganz einfach. Der Verbrauch im eingeschalteten Zustand (Lichter) entspricht der Maximalleistung. Bei Campingkühlschränken ist der Durchschnittsverbrauch bei 20 °C und bei 32 °C Umgebungstemperatur bereits bei den technischen Daten angegeben. Schwieriger ist die Berechnung z. B. bei einem **Notebook**. Hier kannst du am Netzteil nur den Maximalverbrauch, also den Verbrauch bei 100 % Auslastung und gleichzeitigem Ladevorgang, ablesen. Beim Streamen von Filmen und Surfen im Internet liegst du sehr wahrscheinlich unter diesem Wert.

Berechnung von Strom und Stromverbrauch:

Fast immer ist die Leistung einer Bordbatterie in Ah (Amperestunden) angegeben. Amperestunden ergeben sich aus dem Stromfluss (Ampere [A]) über einen Zeitraum [t] (z. B. der Nutzung in Stunden [h]).

Stromstärke (I) =
Leistung (P) / Spannung (U)
Elektrische Ladung Q (Ah) =
Strom (I) × Zeit (t)

Einheiten zur Berechnung:
Ampere (A) × Nutzungsdauer (h)

Die elektrische Ladung (so der Begriff in der Physik) wird im weiteren der Einfachheit halber als „Stromverbrauch" angegeben.

Einheiten:
Strom: Ampere (A)
Leistung: Watt (W)
Spannung: Volt (V)
Elektrische Ladung: Amperestunde (Ah)

Berechnungsbeispiel:
Vollzeit-Leben im Wohnmobil 2 Personen mit 4 h Laptop-Betrieb pro Tag

Kühlschrank 12 V (20 °C):
Hier ist die Stromaufnahme bei 20 °C Umgebungstemperatur bereits mit 0,38 Ah angegeben. Multipliziere diese mit 24 (Std.). Der Stromverbrauch für den Tag beträgt also **9,12 Ah**.

Decken-LED-Spots:
sechs Spots, mit einer Leistung von je 3 Watt (6 × 3 W = 18 W). Die Spannung beträgt 12 Volt.

I = 18 W / 12 V → I = 1,5 A

Wir gehen davon aus, dass die LED-Spots am Tag etwa drei Stunden in Verwendung sind. Also: Ah = 1,5 A × 3 h
Das ergibt einen Stromverbrauch von **4,5 Ah**.

Notebook:
maximale Leistungsaufnahme: 45 W, geschätzter Durchschnitt: 22,5 W

I = 22,5 W / 12 V → I = 1,87 A

Betriebsdauer: 4 Std. pro Tag.
Ah = 1,87 A × 4 h
Das ergibt einen Stromverbrauch von 7,5 Ah.

Für einige Laptops gibt es 12 V-Adapter. Damit können sie direkt mit dem 12 V-Netz betrieben werden. Wir verwenden in diesem Beispiel den Laptop über einen **Spannungsinverter** mit 230 V.

Dafür wird zum Stromverbrauch des Notebooks die **Verlustleistung** des Spannungsinverters addiert. Diese beträgt je nach Modell ca. 10–15 %. Also:
Stromverbrauch + 10 % Verlustleistung (Spannungsinverter) = Stromverbrauch Notebook mit Spannungsinverter
7,5 Ah + 0,75 Ah = **8,25 Ah**

Eine interaktive Tabelle, die auch noch weitere Verbraucher, wie z. B. Handy und Wasserpumpe, berücksichtigt, findest du unter www.mein-camperausbau.de/camper-elektrik.

Arten von Batterien

Wenn du eine besonders langlebige, effiziente und leichte Batterie in deinen Camper einbauen möchtest, raten wir dir, in eine zugegebenermaßen sehr teure **Lithium-Batterie** zu investieren.
Für die meisten Camper-Nutzer ist eine wartungsfreie **AGM-Batterie oder GEL-Batterie** durchaus ausreichend. Bei einer solchen Batterie sollte im Datenblatt auf die Anzahl der Zyklen geachtet werden. Preisgünstigere AGM-Batterien besitzen meistens weniger Ladezyklen.
Nassbatterien sind aufgrund der giftigen Ausgasung nicht sehr empfehlenswert. Diese müssten aus dem Wohnmobil geleitet werden.

	Nassbatterie	Blei-Gel-Batterie	AGM-Batterie (Absorbent Glass Mat oder auch Blei-Vlies-Akku)	Lithium-Batterie
Vorteile	• preiswert • einfach zu laden	• fast wartungsfrei • auslaufsicher • hohe Lebensdauer (ja nach Entladungstiefe 600–1500 Ladezyklen)	• wartungsfrei • auslaufsicher • geringe Selbstentladung • weniger empfindlich gegen Tiefentladung • hohe Lebensdauer (je nach Entladungstiefe 900–1800 Ladezyklen) • kürzere Absorptionszeit (sinnvoll, wenn nur über Solar geladen wird) • Verträgt auch höhere Spitzenlasten (Ströme) gut (z. B. leistungsintensive Laptop-Arbeiten)	• wartungsfrei • auslaufsicher • keine Selbstentladung • Tiefentladung möglich • klein und leicht (bis zu 80 % leichter) • Schnelles Aufladen
Nachteile	• wartungsintensiv • Ausgasung • nicht auslaufsicher • Selbstentladung • niedrige Lebensdauer ca. 350 Ladezyklen	• hohes Gewicht • hohe Anschaffungskosten • spezielle Ladetechnik	• hohes Gewicht • hohe Anschaffungskosten • spezielle Ladetechnik	• Sehr teuer
nutzbare Kapazität	• 50 %	• Max. 70 % (optimal 50 % oder weniger)	• Max. 80 % (optimal 50 % oder weniger)	• 90 %

Dimensionierung der Batterie

Wenn du deinen voraussichtlichen durchschnittlichen Verbrauch berechnet hast – wir gehen hier entsprechend unserer Eingabe in die interaktive Tabelle (s. S. 47) von ca. **32 Ah** aus – ist es an der Zeit, sich für eine passende Batterie zu entscheiden. Wir entschieden uns für die Anschaffung einer AGM-Batterie.
Damit eine AGM-Batterie möglichst lange hält, sollte sie maximal 50 % entladen werden. Somit ergibt sich für unser Rechenbeispiel, dass die Batterie eine Mindestkapazität von **64 Ah** haben sollte.
Die Batterie überdauert entsprechend mehr **Zyklen** (Entladen und wieder Laden der Batterie), wenn sie im Durchschnitt 30 % oder sogar lediglich 15 % entladen wird. Das bedeutet, dass sie auf mindestens 70–85 % geladen bleiben sollte.

Die Mindestkapazität ist 64 Ah. Zu diesem Wert empfiehlt es sich, einige Toleranz-Ah (15–20 %) mehr hinzuzurechnen. Dadurch entlädst du grundsätzlich die Batterie bei normaler Tagesnutzung weniger und erhältst somit mehr Ladezyklen. Außerdem gleichst du den Verlust, bei dem die Batterie über die Zeit an Leistung verliert, bereits vorab aus. In unserem Beispiel empfiehlt sich also eine Batterie mit 67 oder 77 Ah. Möchtest du mehrere Tage autark stehen können, ohne dabei (z. B. über Solar oder die Lichtmaschine) nachzuladen, musst du dafür ebenfalls zusätzliche Batteriekapazität einplanen.

> **Tipp:** Je weniger die Batterie entladen wird, desto mehr Ladezyklen wird sie durchleben können.

Laden der Bordbatterie

Sobald du die Batterie für dich passend dimensioniert hast, geht es nun daran, zu entscheiden, wie diese im Camper geladen wird.
Durch das Kombinieren mehrerer Ladegeräte lassen sich Nachteile minimieren. Jedes Ladegerät sollte aber die entsprechende Ladekennlinie der verbauten Batterie besitzen. Die Ladekennlinie bzw. den Batterietyp kann man am Gerät selbst über Schalter, via App oder mithilfe von Jumpern (Kurzschlussbrücken) setzen.

Stromnetz

Das Laden über das Stromnetz ist einfach: Die Batterie wird über ein Ladegerät mit dem Landstrom (einer Steckdose) verbunden.
Die **Vorteile** dabei sind: Der Strom wird aus einer sicheren Quelle bezogen. Das Laden geschieht relativ rasch. Installation und Handhabung sind sehr leicht. Eine auf den ersten Blick günstige Option.
Der große **Nachteil**: Abhängigkeit vom Landstrom. Dieser steht meist nur auf Campingplätzen zur Verfügung. Generell fällt für Strom eine extra Gebühr an bzw. ein Stellplatz ohne Stromanschluss ist günstiger.
Je nach Stärke deiner Batterie sollte das **Ladegerät** dementsprechend dimensioniert werden.

Beispiel Ladezeit einer AGM-Batterie (64 Ah) mit 10 A-Ladegerät

Die ersten 80 % einer AGM können relativ schnell geladen werden. Das liegt daran, dass sie, im Gegensatz z. B. zur Gel-Batterie hohe Ladeströme verträgt.
Diese ersten 80 % (der Vollladung) nennt man Bulk-Phase. Für die restlichen 20 % kann eine Absorptionszeit von bis zu 8 h erforderlich sein.

Formel zur Berechnung der Ladezeit:

Ah (zu ladende Ah deiner Batterie) / I (Leistung deines Ladegerätes)

Beispiel:
Zu 50 % entladene 64 Ah Batterie mit einem 10 A Ladegerät.
- **32 Ah sind zu laden.**
- Die Bulk-Phase endet bei 51,2 Ah.
- Das entspricht **19,2 Ah** die noch in der Bulk-Phase geladen werden können.

19,2 Ah / 10 A (Leistung des Ladegeräts) = 1,92 h

Daraus ergibt sich eine Ladezeit von etwa 2 Std., bis 80 % der Batterie geladen sind. Für die restlichen 20 % werden weitere 8 Std. Ladezeit benötigt.
Das vollständige Laden einer Lithium-Ionen-Batterie geschieht hingegen schneller. Hier liegt die Bulk-Phase (maximaler Ladestrom) bei 95 %. Anschließend werden lediglich 30 Minuten für die Absorptionsladung benötigt.

Solar

Um die Energie über eine Solaranlage zu beziehen und die Bordbatterie mit dieser zu laden, brauchst du Solarzellen und ein Solar-Laderegler. Für den Camping-Gebrauch empfehlen wir, ausschließlich MPPT-Regler (Maximum Power Point Tracking) zu verwenden. Die Anschaffungskosten sind etwas höher, diese Regler sind jedoch effizienter, weil der Regler seine Eingangsspannung der Solaranlage anpasst, damit diese die maximale Leistung liefern kann.

Der **Vorteil** eines Solarpanels ist, dass man bei Sonnenschein unbegrenzt Energie beziehen kann. Man benötigt also keinen Anschluss an z. B. eine Steckdose. Außerdem ist Solarenergie weitestgehend umweltfreundlich.

Als **Nachteil** fällt sofort der hohe Anschaffungspreis auf. Für die Installation musst du außerdem etwas Geschick, Hilfe und Zeit einplanen.

Auch bei einer Solaranlage muss der Regler dimensioniert werden.

Beispiele Dimensionierung Solarregler und Solarpanel

Beispiel 1: 290 Watt-Solarpanel/ 20 A-Laderegler

Zwei Personen, die 8 Std./Tag am Laptop arbeiten, einen Kompressor-Kühlschrank betreiben, Beleuchtung einschalten und ihre mobilen Geräte laden.
Es fällt in etwa ein täglicher Stromverbrauch von 100 Ah an.
Lösung: 290 Watt-Solarpanel mit einem Laderegler von 20 A

Beispiel 2: 200 Watt-Solarpanel/ 15 A-Laderegler

1–2 Personen, die etwa 4 Std./Tag am Laptop arbeiten, einen Kompressor-Kühlschrank betreiben, Beleuchtung einschalten und ihre mobilen Geräte laden.
Es fällt in etwa ein täglicher Stromverbrauch von 65 Ah an.
Lösung: 200 Watt-Solarpanel mit einem 15 A-Laderegler

Achtung: Die Werte beziehen sich auf südliche, sonnige Länder (Portugal, Marokko). Wer hingegen öfter in Deutschland oder Norwegen unterwegs ist, sollte etwa 50 % mehr Solarleistung kalkulieren. Bei einem Verbrauch von 65 Ah/Tag würde man z. B. ein **300 Watt-Solarpanel** benötigen, um die Batterie wieder vollständig zu laden.

Lichtmaschine

Die Lichtmaschine erzeugt bei jeder Fahrt Strom. Meistens sogar mehr, als zum Fahren selbst benötigt wird. Dieser Strom kann daher nicht nur zum Laden der Autobatterie, sondern auch der Bordbatterie genutzt werden.

Dies kann in einfacher Form durch ein **Trennrelais** erfolgen: Der Stromkreis wird bei Stillstand des Fahrzeugs mit einem Trennrelais getrennt, damit die Starterbatterie nicht entladen wird. Wenn das Fahrzeug wieder in Betrieb geht, öffnet sich dieses Relais und beide Batterien werden von der Lichtmaschine geladen.

Ein **Ladebooster** hilft, diese Methode effektiv und zusätzlich schonend für die Batterie zu betreiben. Er ist vor allem bei Batterietypen, die eine Ladekennlinie benötigen, wichtig, da die Lichtmaschine keine Ladekurve besitzt, wodurch die Bordbatterie dauerhaft geschädigt werden kann.

Das Laden über die Lichtmaschine ist besonders für Personen, die nicht lange an einem Platz stehen bleiben, sondern das Fahrzeug viel bewegen, gut geeignet. **Vorteile** der Ladung über die Lichtmaschine sind die kostengünstige Anschaffung und der einfache Einbau. Der **Nachteil** ist, dass der Camper zur Energiegewinnung regelmäßig bewegt werden muss.

12 V oder 230 V?

Sofern es möglich ist, sollten alle Verbraucher mit 12 V betrieben werden. Natürlich kann man, wie schon erwähnt, einen Spannungswandler zwischenschalten, der die Spannung von 12 V Gleichstrom auf 230 V Wechselstrom umwandelt. Dabei kommt es allerdings immer zu einer Verlustleistung von ca. 10–15 %.

Für Licht, Kühlschrank, Kamera, Ladegeräte usw. sollte es kein Problem darstellen, lediglich mit 12 V zu laden. Schwieriger wird es mit dem Laden des Laptops oder einer elektrischen Zahnbürste. Für diese Geräte könnte man ein passendes 12 V-Netzteil kaufen. Mehr Komfort bietet aber der Spannungswandler.

Grundsätzlich unterscheidet man zwischen **Spannungswandler mit modifizierter oder reiner Sinusspannung**. Spannungswandler mit modifiziertem Sinus sind meist günstiger als solche mit reinem Sinus und für die meisten Geräte ausreichend. Aber nicht jedes Gerät verträgt die modifizierte Sinusspannung. So kann es z. B. bei Zahnbürsten, E-Bike-Ladegeräten oder manchen Notebooks zu Problemen bei der Leistung oder beim Ladevorgang kommen. Auf Nummer Sicher gehst du mit einem Inverter mit reinem Sinus.

Leitungsdurchmesser

Vor dem Verlegen solltest du den richtigen Durchmesser für deine Stromleitungen berechnen.

> **Leitungsdurchmesser berechnen:**
> $A = (I \times 0{,}0175 \times L \times 2) / (fk \times U)$
>
> A = Ampere
> I = maximale Stromstärke in Ampere
> 0,0175 = der spezifische Widerstand von Kupfer in Ohm × mm²/m
> L = Kabellänge
> fk = Verlustfaktor, Beispiel: 1 %, sind 0,01
> U = Spannung
>
> Berechnung der Stromstärke s. S. 47

Den Leitungsdurchmesser, der zwischen Spannungswandler und Batterie oder Ladebooster und Starterbatterie verwendet werden soll, entnimmst du am besten dem jeweiligen Handbuch. Hier wird meist ein Durchmesser von 6 mm² oder mehr vorgeschrieben.

> **Achtung:** Bei der Leitung zu der Sicherungsbox für deine 12 V-Verbraucher musst du alle 12 V-Verbraucher, die daran angeschlossen sind, zusammenrechnen.

Beispielrechnung für LED-Spots:
Sechs Spots, mit einer Leistung von je 3 Watt (6 × 3 W = 18 W), die Spannung beträgt 12 Volt.
Stromstärke: 1,5 A (18 W / 12 V = 1,5 A).
Kabellänge: 2,5 m
Die LED Spots werden über einen mitgelieferten Verteiler angeschlossen. Die Zuleitung muss also den Strom von allen sechs Spots führen können.
Der Leitungsdurchmesser berechnet sich demnach folgendermaßen:

$A = (1{,}5\ A \times 0{,}0175 \times 2{,}5\ m \times 2) / (0{,}01 \times 12\ V) = 1{,}09\ mm^2$

Wir würden also zu einem 1,5 mm² oder dickeren Kabel greifen.

Absicherung der Elektrik

Die einfachste Lösung zur Absicherung der Elektrik ist der Einbau einer Kfz-Sicherungsbox. Die Amperezahl der Sicherung sollte dabei immer etwas größer sein als die maximale Leistung der angeschlossenen Verbraucher.
Bei uns sieht das wie folgt aus: Alle Lichter und die Wasserpumpe sind mit jeweils 5 Ampere abgesichert, der Kühlschrank und die beiden 12 Volt-Steckdosen mit jeweils 10 Ampere.
Für den Weg zwischen Spannungswandler (350 W) und Batterie und für den Weg zwischen Batterie und Solar-Laderegler (20 A) verwendeten wir jeweils Midi-Hochstrom-Sicherungen mit 40 Ampere. Die Sicherung sollte so nahe wie möglich am Pluspol der Batterie angebracht werden.

Bonus: Batterieüberwachung

Eine Batterieüberwachung schützt die Batterie vor Tiefentladungen und somit vor Beschädigungen. Vor allem, wenn die Verbraucher direkt an die Batterie angeschlossen sind, sollte ein Batteriewächter eingebaut werden. Der Batteriewächter unterbricht den Lastausgang, wenn die Batterie den voreingestellten Spannungswert unterschreitet.
Viele Kühlboxen, Wechselrichter und Solar-Laderegler haben von Haus aus einen Batteriewächter und können somit auch ohne diesen direkt mit der Batterie verbunden werden.
Endverbraucher wie Lichter, Wasserpumpen, USB-Steckdosen besitzen diese Funktion nicht selbst und sollten daher immer über einen Batteriewächter betrieben werden. Das kann ein extra Gerät sein, das im Stromkreislauf zwischengeschaltet wird, oder z. B. der Lastausgang eines Solarreglers (wenn dieser eine Batteriewächterfunktion beinhaltet).

Installation und Inbetriebnahme

Sicherheit
Sicherheit ist bei der Arbeit mit Strom ein wichtiges Thema. Die Gefahr eines Stromschlags oder eines Kurzschlusses der Batterie ist nicht zu unterschätzen. Deshalb beachte bitte folgende Tipps bei der Arbeit mit Elektronik:

Abklemmen der Batterie
Falls die Batterie bereits in Betrieb ist oder du Änderungen an der Bordelektrik vornimmst, solltest du zuvor stets die Verbindung zur Batterie trennen. Dazu wird zuerst der Minuspol von der Batterie abgeklemmt, erst danach der Pluspol. Beim Anschließen ist es genau umgekehrt: als erstes den Pluspol und danach den Minuspol verbinden. Achte darauf, dass sich die beiden Kontakte nie berühren!

> **An- und Abklemmen der Batterie**
> Anklemmen:
> zuerst Pluspol, dann Minuspol
> Abklemmen:
> zuerst Minuspol, dann Pluspol
> **Die Kontakte dürfen sich nicht berühren!**

Die richtigen Kabel

Im Camper dürfen nur flexible Kabel (Litzen) verwendet werden. Durch die beim Fahren entstehenden Vibrationen könnten starre Stromkabel brechen und Kurzschlüsse verursachen. Achte außerdem auf den richtigen Kabeldurchmesser.

Verlegen der Kabel

Die Leitungen sollten nach Möglichkeit immer in einem **Kabelschlauch** verlegt werden. So kommt es während der Fahrt nicht zu Reibungen mit Metall und zu Abnutzungen der Kabelummantelung. Das könnte nämlich zu einem Kurzschluss führen. Falls kein Platz für einen Kabelschlauch ist, solltest du alle scharfen Kanten mit einem Kantenschutz überdecken. Alternativ können auch **Gummidurchführungen**, z. B. vom Motorraum zum Innenraum, verwendet werden. 230 V- und 12 V-Leitungen müssen immer getrennt voneinander verlegt werden.

Verkabelung der Bordelektronik

Alle elektrischen Endverbraucher besitzen zwei Kabel: ein Kabel, das an den Pluspol, und ein Kabel, das an den Minuspol geführt werden muss. Bevor du alles miteinander verbindest, musst du die Kabel abisolieren, d. h. die Isolierung von den Kabelenden entfernen, und verlegen. Hierfür ist zu beachten:

- Statt sie direkt mit den Kupferadern zu verklemmen oder zu verschrauben, sollten Leitungsenden zuvor immer mit passenden **Endhülsen** oder Kabelschuhen versehen werden. Diese werden ganz einfach mit einer Crimpzange auf die abisolierten Kabelenden gepresst.
- Wenn du ein Originalkabel verlängern musst, verwende am besten **Verbindungsklemmen** mit Hebel. Lötstellen sind im Fahrzeug nicht zulässig!

Anschließen der Verbraucher

Bevor es ans Anschließen der Verbraucher (Beleuchtung, Kühlschrank, Steckdosen) geht, solltest du einen Stromlaufplan anfertigen. So bekommst du einen Überblick, wo du was anschließen musst, und planst dabei auch die Sicherungen mit ein.

Stromlaufplan

Hier zeigen wir dir unsere Stromlaufpläne für unseren Citroën Jumper und unseren T5. Natürlich kannst du die Pläne deinen jeweiligen Bedürfnissen anpassen. Bitte prüfe deine Pläne immer genau und frage, wenn du dir nicht sicher bist, einen Fachmann!

Beispiel 1: VW T5

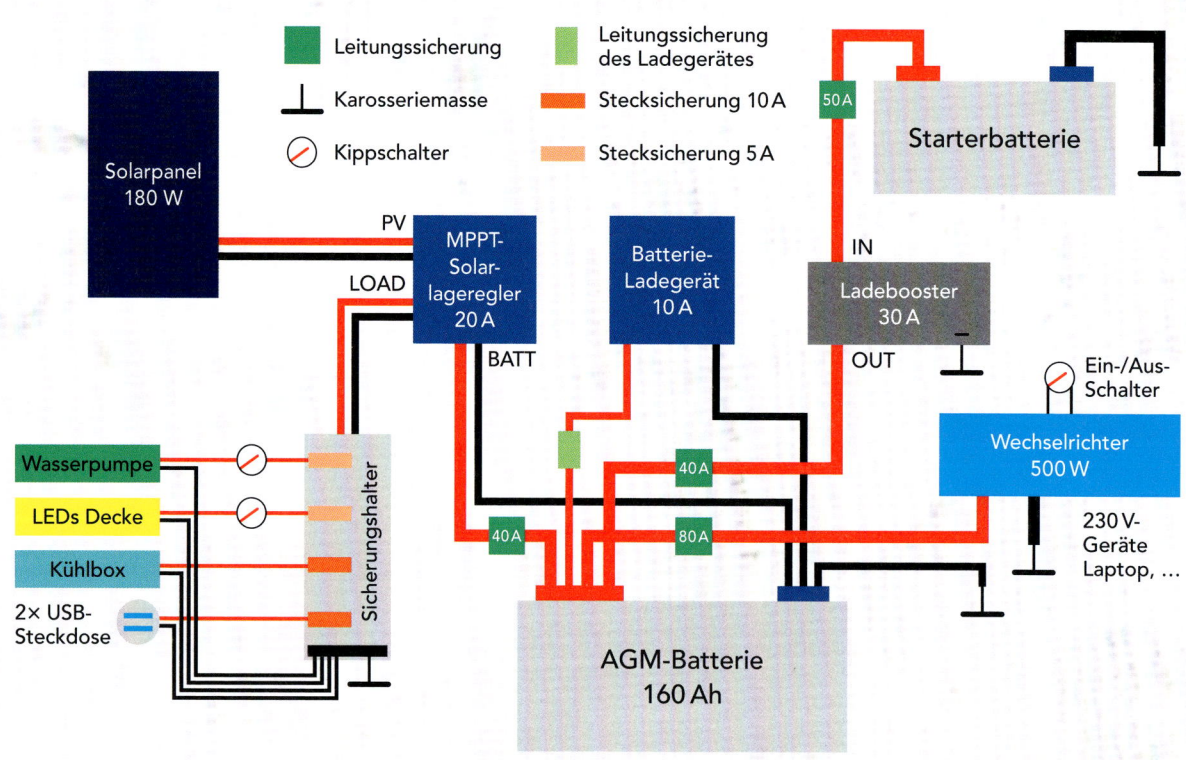

Solar-Laderegler

Manche Solar-Laderegler verfügen über einen intelligenten Lastausgang. Dieser schont je nach Einstellung die Batterie, indem er Verbraucher deaktiviert, wenn an mehreren aufeinanderfolgenden Tagen die Batterie zu wenig aufgeladen wird.

Die Leistung über den „LOAD"-Ausgang des Solarreglers ist meist begrenzt und nur für kleinere Verbraucher sinnvoll. Deinen Wechselrichter oder andere Geräte mit hohen Strömen oder Einschaltströmen musst du deshalb direkt mit der Batterie verbinden.

Beispiel 2: Citroën Jumper L2H2

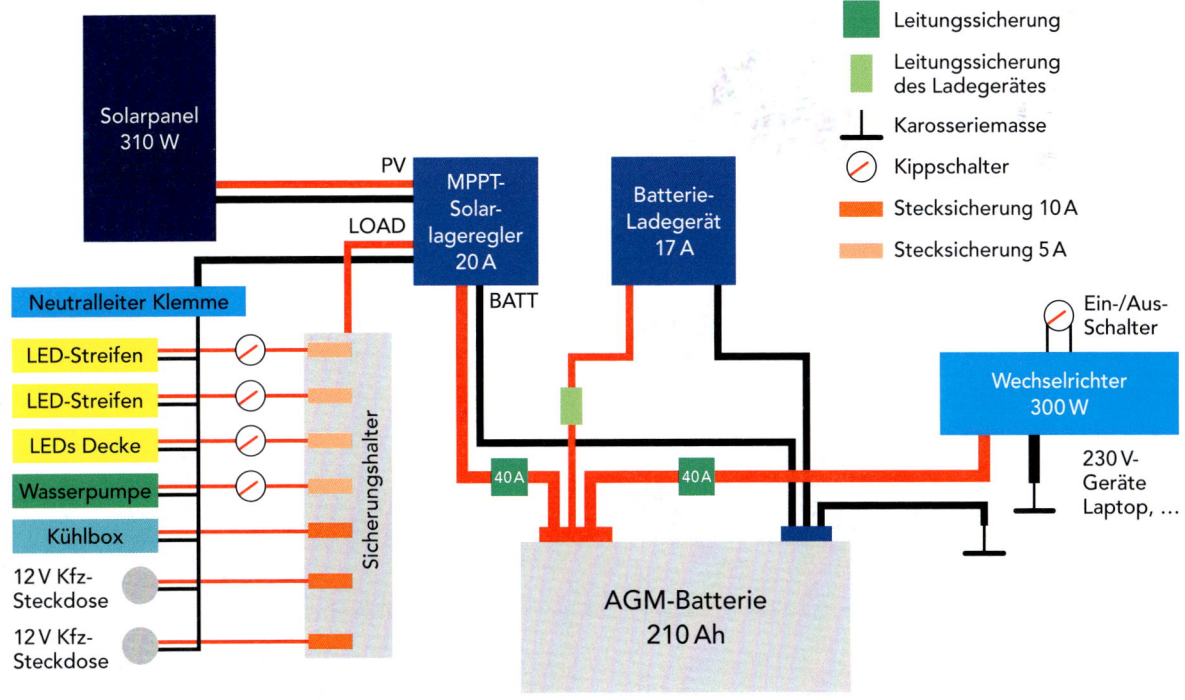

Zusätzlicher Massepunkt im Fahrzeug

Wenn du keinen werkseitigen Massepunkt in der Nähe deiner Batterie hast, könntest du die Karosserie heranziehen. Dazu wählst du einfach ein passendes Stück Blech (z. B. bei den Fahrzeugsäulen) in deinem Fahrzeug in der Nähe deiner Bordbatterie aus. In dieses bohrst du ein Loch und entfernst den Lack rundum mit einem Schleifpapier oder einer Feile, sodass ein guter Kontakt mit der Karosserie entsteht. Für die Masseleitung solltest du ein Kabel mit einem möglichst großen Querschnitt verwenden, z. B. 6 mm². Verbinde die Kabelenden mit einem passenden Kabelschuh (Ringkabelschuh). Dieser wird an einer Seite mit einer Schraube und einer Gegenmutter mit der Karosserie und an der anderen Seite mit dem Minuspol der Batterie zusammengeführt.

Anleitung: 12 V-Verbraucher anschließen

Alle 12 V-Verbraucher sollten grundsätzlich immer über einen Sicherungskasten mit einer Stromquelle verbunden werden. Dazu gehst du wie folgt vor:

Du brauchst
- feindrähtige Leitungen (z. B. 1,5 mm², 2,5 mm²) je nach Länge und Stromstärke
- Kabelschuhe
- Kabelschlauch + Aderendhülsen
- Hebel-Verbindungsklemmen
- 12 V-Schalter
- Sicherungskasten
- Sicherungen
- Crimpzange
- Seitenschneider klein oder Cutter
- Schraubenzieher

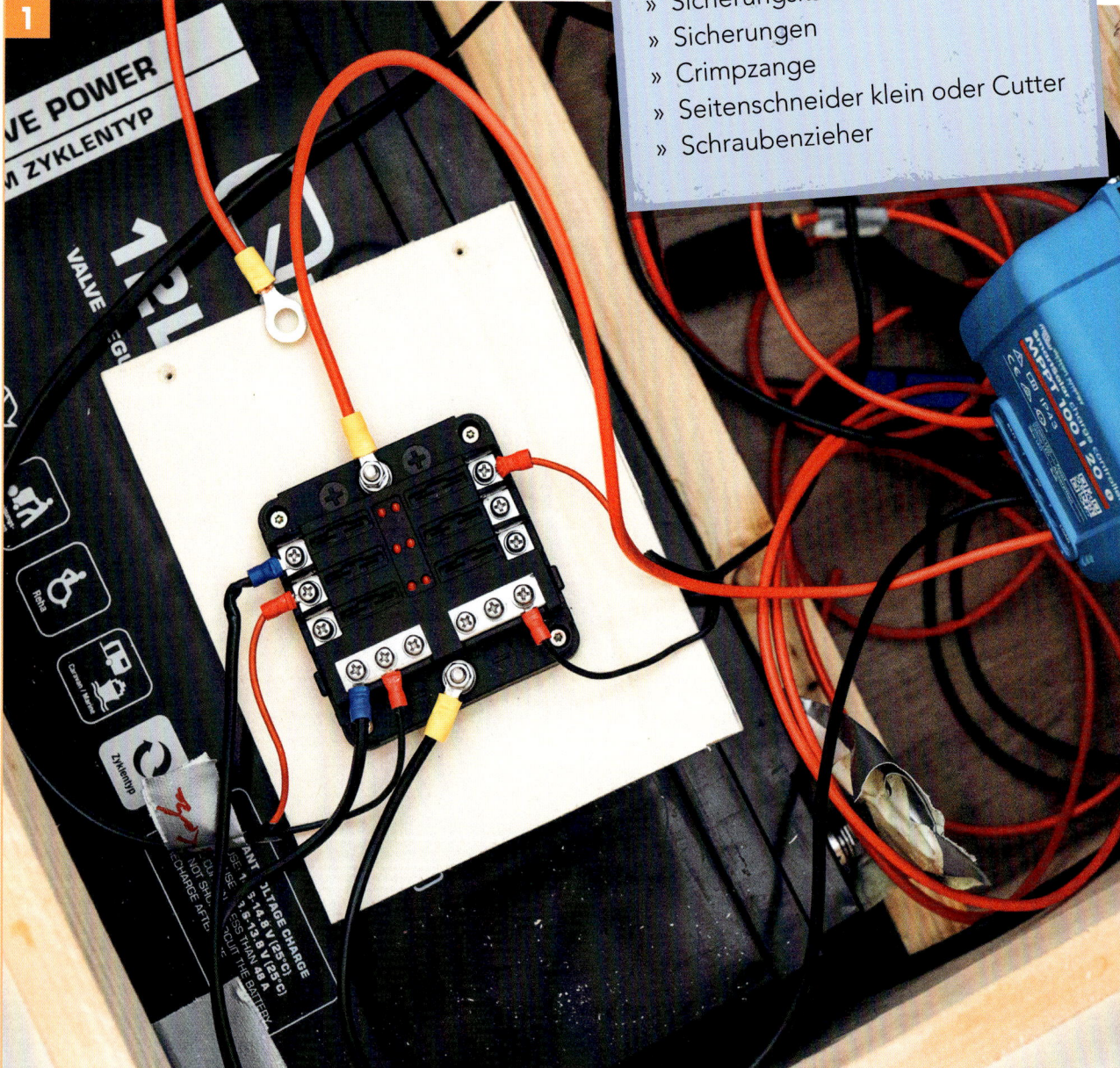

1

Sicherungskasten mit verbundenen Plus- und Minusleitungen

Verbinde jeweils die **Plusleitung** und die **Minusleitung** der Elektronikgeräte mit dem Sicherungskasten (Bild 1).
Soll das Gerät mit einem zusätzlichen Schalter bedient werden (Bild 2), muss dieser in der Plusleitung zwischen Verbraucher und Sicherungskasten zwischengeschaltet werden.
Verfügt der Schalter über ein Lämpchen, das du nutzen möchtest, muss auch dieses mit der Masse (Minus) verbunden werden. Um keine zusätzliche Minusleitung dafür verwenden zu müssen, kannst du auch eine Hebel-Verbindungsklemme mit mindestens drei Anschlüssen verwenden.

> **Tipp:** Verwende für die Minusleitungen schwarze Kabel, für die Plusleitungen rote.

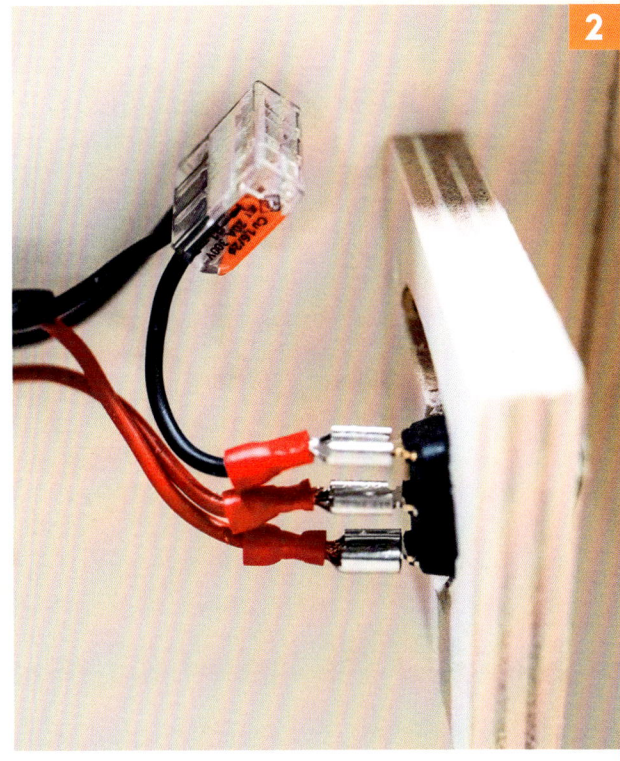

Schalter für die Wasserpumpe: eine Plusleitung führt zur Wasserleitung, eine Plusleitung (Rot) zum Sicherungskasten

Anschließen des Wechselrichters/Spannungswandlers

Der Wechselrichter sollte möglichst nahe an der Bordbatterie verbaut werden. Mitgelieferte Kabel und das Handbuch geben Aufschluss, welche Entfernung eingehalten werden soll. Bei größerer Entfernung (>1,5 m) zur Batterie wird ein relativ hoher Kabeldurchmesser benötigt. Hier gilt abermals: möglichst nahe der Batterie eine Leitungssicherung anbringen! Bei einigen Wechselrichtern ist bereits eine Sicherung eingebaut, die bis zu einer gewissen Kabellänge ausreichend ist. Es empfiehlt sich jedoch, selbst eine Leitungssicherung einzubauen, da diese im Bedarfsfall leichter und schneller gewechselt werden kann.

Anleitung: Stromquellen anschließen

Lichtmaschine, Ladebooster

Der Einbau des Ladeboosters sollte nach Möglichkeit immer nahe der Bordbatterie erfolgen.

Wir beschreiben hier den Einbau eines Victronic-Ladeboosters, da der Ladebooster für die Verwendung mit Wohnmobil Batterien mehr Sinn macht, als ein einfaches Relais zu verbauen.

Die Kabelquerschnitte und die Verkabelung können je nach Fahrzeug variieren. Die entsprechenden Angaben für verschiedene Situationen findest du in der Bedienungsanleitung des Ladeboosters.

Ladebooster im T5 verbauen

Zuerst musst du den Ladebooster auf den **ausgewählten Batterietyp einstellen**. Das geschieht durch die beiden Schalter am Ladebooster (**Bild 1**). Wir haben uns für eine AGM 2-Batterie (Ladespannung bis 14,7 V bzw. 14,8 V) entschieden. Nun führst du die **Leitung von der Starterbatterie zum Ladebooster**. Um zur Kabeldurchführung zum Innenraum zu gelangen, muss die Batterie herausgenommen werden (**Bild 2**). Die Batterie abklemmen (Achtung: immer zuerst Minus, dann Plus), die Batterie-Halterung

> **Du brauchst**
> » feindrähtige Leitungen (z. B. 6 mm²) je nach Länge und Stromstärke
> » Aderendhülsen/Kabelschuhe
> » Midi-Hochstromsicherung
> » Hochstrom-Sicherungshalter
> » Abzweigverbinder/Autosicherungen, Stromdieb, Rundstecker-Hülsen (je nach Fahrzeug unterschiedlich)
> » Kfz-Sicherungshalter
> » Crimpzange
> » Seitenschneider klein oder Cutter
> » evtl. Schraubenzieher
> » evtl. Steckschlüssel-Satz oder Doppelmaulschlüssel

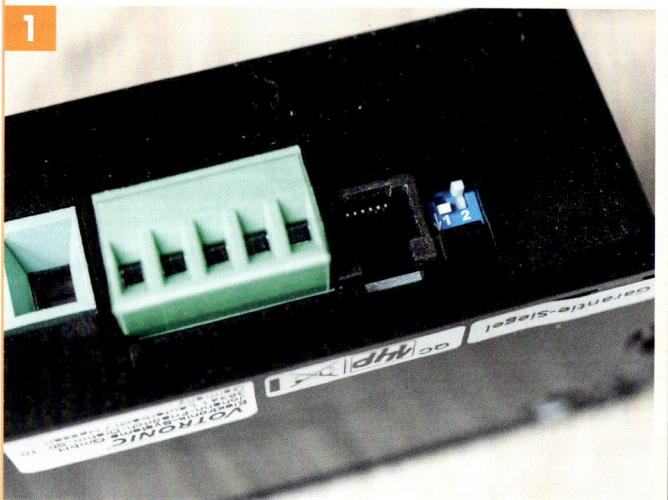

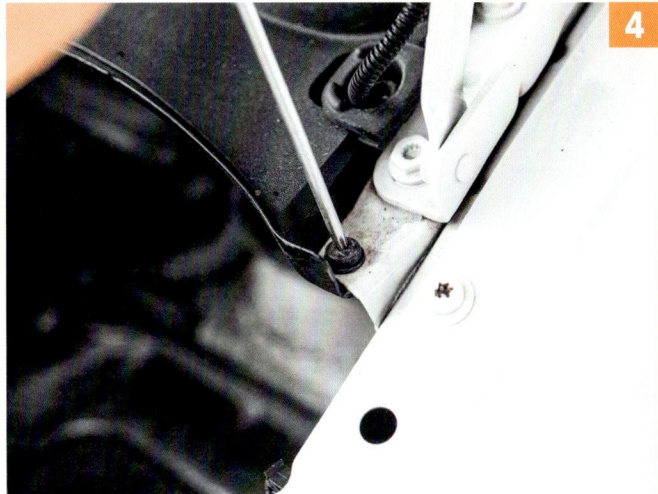

lösen und dann die Batterie herausheben. Löse dann die **Plastikabdeckung** oben (Bild 3) und entferne die Schutzabdeckung neben der Batterie.
Zum Entfernen der **Schutzabdeckung** löse die Schrauben rechts an der Karosserie (Bild 4). Danach lässt sich die Abdeckung wegdrehen.
Nun sollten das Loch zum Fahrerraum und die entsprechenden Gummidurchführungen zum hinteren Motorraum und zum Innenraum sichtbar sein (Bilder 5 und 6). Bereite nun den **Kabelweg** vor. Da bei der ersten Gummidurchführung kein Loch für ein zusätzliches Kabel vorhanden ist, muss hier vorsichtig mit einer Schere nachgeholfen werden (Bild 7).
Achte darauf, die Isolierungen der Kabel nicht zu beschädigen.
Führe das Kabel dann durch die beiden **Gummidurchführungen** (Bild 8). Das Kabel sollte nun im Fahrerraum zu sehen sein.

Verlege es von hier aus am besten unter dem Teppich in den dort vorgesehenen Kabelkanälen weiter zum Ladebooster.

> **Achtung:** Um den Teppich im VW T5 lösen zu können, muss zuvor der Fahrersitz ausgebaut werden. Der Raum unter dem Fahrersitz eignet sich gut als Einbauort für den Ladebooster.

Für die Minusleitung kann der **Massepunkt** unter dem Fahrersitz verwendet werden (**Bild 9**).

Bringe die **Sicherung** für das (Plusleitungs-) Kabel so nahe wie möglich an der Starterbatterie an (**Bild 10**).

Verbinde anschließend die **Ausgangsanschlüsse** (Out 12 V) des Ladereglers mit deiner Bordbatterie. Auch hier sollte die Sicherung so nah wie möglich an der Bordbatterie sein.

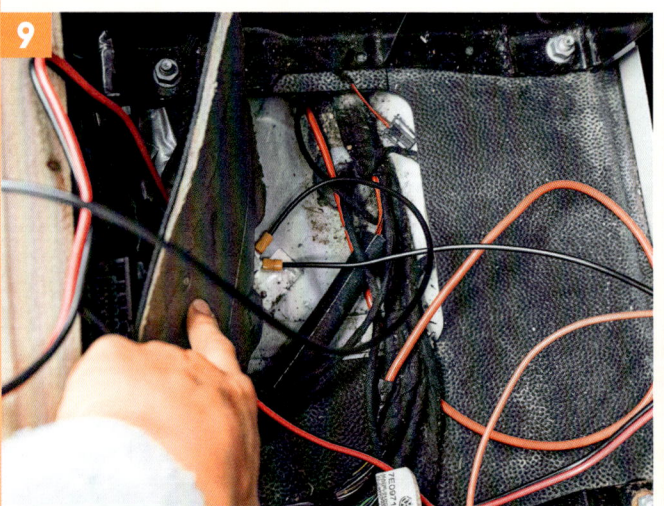

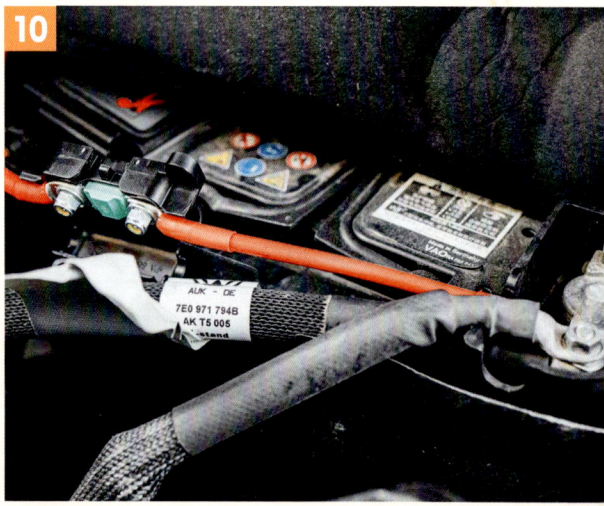

Steueranschlüsse des Ladeboosters

Besitzt du ein Fahrzeug mit Euro 6 oder 6+ mit Energiemanagement, Start/Stopp-Technologie und/oder stark schwankenden Lichtmaschinen, solltest du zum Aktivieren des Ladebooster auf jeden Fall das **D+-Signal** verwenden. Durch die Verwendung dieses Signals erfährt der Ladebooster, wenn deine Lichtmaschine arbeitet, und schaltet sich automatisch dazu und wieder aus, wenn dein Fahrzeug z. B. in den Start/Stopp-Modus geht.

Falls D+ nicht vorhanden oder nur schwer zugänglich ist, kannst du zur Not auch Kl.15 (Zündung Ein) verwenden oder einen D+-Simulator verbauen.

Ohne D+ steuert der Ladebooster ausschließlich über die Spannung. Voraussetzung dafür ist eine nicht intelligente Lichtmaschine mit genügend hoher, gleichmäßiger Ladespannung.

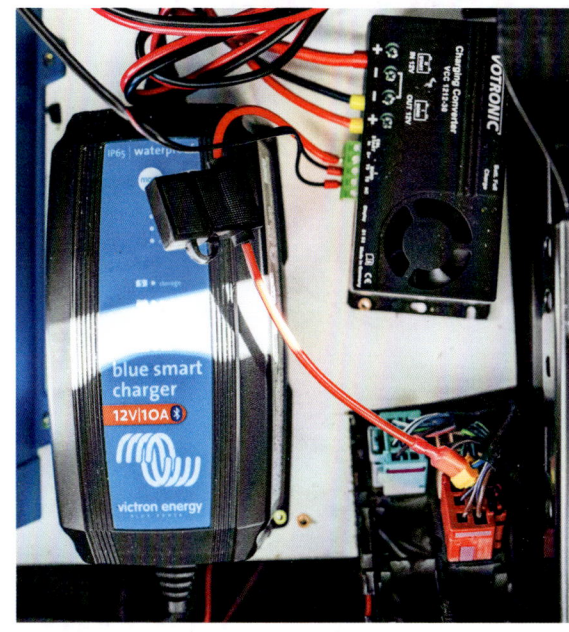

Kleine grüne Leiste: Steueranschlüsse; roter Stecker: Stromdieb mit D+-Signal

Temperatursensor

Der Temperatursensor sollte einen guten Wärmekontakt zur Innentemperatur der Batterie haben und somit am Plus- oder Minuspol der Bordbatterie befestigt werden. Durch den Temperatursensor wird bei niedrigen Temperaturen die Ladespannung erhöht und die Batterie kann effizienter geladen werden. Bei hohen Temperaturen sinkt die Ladespannung. Dadurch wird die Batterie geschützt.

D+ im VW T5 anschließen

Beim T5 (5.2) findest du das D+-Signal direkt unter dem Fahrersitz. Das blau-gelbe Kabel im roten Stecker führt nur dann Spannung, wenn der Motor läuft. Du kannst dieses Signal ganz einfach mit einem Abzweigverbinder/Stromdieb abgreifen. Als Sicherung genügt eine 3 A-Sicherung.

D+-Signal, Steckplatz 3 am roten Stecker (blau-gelbes Kabel)

Solar

Solaranlagen gibt es in vielen Ausführungen. Solar-Taschen und -Koffer benötigen keine aufwendige Installation und können bei Bedarf einfach aufgeklappt und in die Sonne gestellt werden. Der Nachteil: Sie haben meist weniger Leistung als eine fest installierte Anlage und müssen bei jedem Standortwechsel neu aufgebaut werden. Fest verbaute Solaranlagen produzieren hingegen immer Strom, sobald die Sonne scheint.

Für fest angebrachte Solarpanele gibt es zwei Optionen: Starre oder flexible Panele. Während ein starres Solarpanel auf einem Dachträger oder Halterungen befestigt werden kann, klebt man zweiteres meist direkt auf das Dach. Alternativ ist es möglich, dieses auf ein eigens angefertigtes Blech, das wiederum am Fahrzeug befestigt ist, zu kleben.

Ein flexibles Modul hat viel weniger Gewicht, nachteilig hingegen ist, dass man es durch das Verkleben nach einer eventuellen Demontage sehr wahrscheinlich nicht mehr verwenden kann.

Anleitung: Solarpanel montieren

Da der Dachlack unseres Citroën Jumpers bereits etwas mitgenommen war und sich leicht löste, entschieden wir uns, die Solaranlage auf Dachträgern zu montieren. Alternativ kannst du deine Solaranlage auch mit den passenden Solarpanel-Halterungen auf das Dach kleben. Eine weitere Möglichkeit, um an Höhe zu sparen, ist das Anbringen der Solaranlage unterhalb der Dachträger.

Montiere zunächst die **Dachträger** nach Anleitung des Herstellers. Auf den Dachträger kannst du nun mithilfe von Winkeln,

Du brauchst

- Solarpanel
- Dachdurchführung
- Solarkabel mit MC4-Steckern
- Schleifvlies
- Silikonentferner
- Metallschutzlack (oder ähnliches zum Versiegeln des Bleches)
- Bohrmaschine
- Metallbohrer
- Rundfeile oder ähnliches zum Entgraten

Je nach Montage:
- Solarpanel-Halterung zum Kleben
- Einkomponenten-Kleber
- Winkel für die Montage am Dachträger
- Gewindedichtmittel
- Schrauben

Schrauben und Gegenmuttern das Solarpanel befestigen (Bild 1). Damit sich nichts löst, solltest du die Schrauben mit einer Gewindesicherung bearbeiten.

> **Wichtig:** Die Metallspäne am besten sofort absaugen und das Dach danach gründlich reinigen, da Metallspäne sehr schnell rosten!

Bohre die **Löcher für die Solarkabel** mit einem Metallbohrer (Bild 2). Entgrate diese anschließend und versiegle das offene Blech mit Metall-Schutzlack.
Die **Kabeldurchführung** für die Solarleitungen wird mit einem Einkomponenten-Kleber angeklebt (Bild 3).
Dann kannst du die Kabelenden am PV (Photovoltaik)-Eingang des Solar-Ladereglers anschließen. Die Kabel vom Panel mit dem MC4-Stecker, also dem Verbindungsstecker am Solarmodul, am Dach kannst du später fertig anschließen.

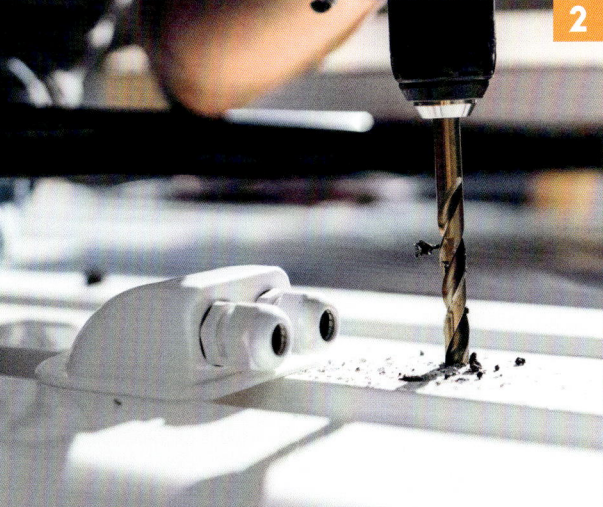

> **Wichtig:** Vor jedem Kleben den Lack mit einem Vlies leicht anschleifen und dann gründlich reinigen, z. B. mit Silikonentferner!

Anleitung: Solarregler anschließen und in Betrieb nehmen

Verbinde Plus und Minus deiner Sicherungsbox mit dem Last/LOAD (Verbraucher)-Ausgang des Solarreglers. Stelle unbedingt sicher, dass die Verbraucher dabei ausgeschaltet sind!

Verbinde nun die Batterie mit dem Solarladeregler (BAT): zuerst die Plus- (rot) und dann die Minusleitung (schwarz).

Auf der Plusleitung solltest du eine Midi-Sicherung verbauen. Die Dimensionierung dieser Sicherung muss je nach Leistung des Solarreglers angepasst werden. Für einen 20 A-Regler wäre das beispielsweise eine 40 A-Sicherung. Verbaue die Sicherung so nah wie möglich am Pluspol der Batterie.

Der Lastausgang des Solarreglers ist meist ab Werk deaktiviert. Diesen kannst du z. B. mit der passenden App des Herstellers oder durch Setzen des Jumpers (auch Kurzschlussbrücke) am Laderegler aktivieren. Überprüfe auch, ob der Batterietyp richtig vom Solarregler erkannt wurde und die Ladespannungen mit den Angaben aus dem Batterie-Datenblatt übereinstimmen.

Du brauchst
- feindrähtige Leitungen (z. B. 6 mm²) je nach Länge und Stromstärke
- Midi-Sicherung + Sicherungshalter
- Aderendhülsen
- Schraubenzieher
- Smartphone (falls der Solarregler mit Bluetooth gesteuert wird)

Beispiel: Datenblatt
- Erhaltungsspannung 13,6–13,8 V (Standby use/Float voltage)
- Zyklus Gebrauch 14,6–14,8 V (Cycle use)

Landstrom

Ladegerät

Das Ladegerät kann einfach mit Plus und Minus direkt an die Batterie angeschlossen werden. Sicherungen sind im Normalfall bereits im Ladegerät bzw. dessen Kabel verbaut. Bei Bedarf einfach mit dem Landstrom verbinden – und schon lädt die Batterie mit voller Power.

Du möchtest deine 230 V-Geräte direkt mit Landstrom betreiben können? Oder du möchtest z. B. einen CEE-Anschluss (im Campingbereich verwendete Steckdose) verbauen? In diesem Fall musst du einen **FI-Schalter** im Bus einbauen. Die meisten Camping-Stellplätze sind zwar mit einem FI-Schalter abgesichert, aber eben nicht jeder. Und nehmen wir an, du möchtest unterwegs Strom von einem alten Bauernhaus beziehen und dieser Anschluss verfügt über keinen FI-Schalter. Bei einem Gerätefehler würde es ohne eigenen FI-Schalter keinen Schutzmechanismus geben.

Allgemein gilt bei der **Installation von 230 V-Geräten**:
- im Camper nur H07 RN-F-Stromkabel mit gelbem Schutzleiter und einem Mindestquerschnitt von 1,5 mm² verwenden
- für die Zuleitung des Landstroms nur H07 RN-F-Stromkabel mit einem Mindestquerschnitt von 2,5 mm² verwenden
- ausschließlich flexible Litzen verwenden
- Der vorgeschriebene Sicherungsautomat muss im Fehlerfall gleichzeitig (mechanisch gekoppelt) die Phase und Null unterbrechen, um Schäden zu verhindern.
- 230 V-Leitungen getrennt von 12 V-Leitungen verlegen.

> **Achtung:** Da 230 V-Wechselspannung lebensgefährlich sein kann, empfehlen wir, die Installation vor Inbetriebnahme von einem **Fachmann** abnehmen zu lassen. Informiere dich am besten vor dem Verbau über die aktuellen Richtlinien.

All in one-Lösung

Wenn du keine große Elektroinstallation benötigst und vielleicht nur mal dein Handy aufladen und ein paar Lichter betreiben möchtest, bieten sich All in one-Lösungen an. Diese portablen Systeme, wie **Travelboxen oder Powerstationen**, beinhalten Batterie, Wechselrichter, USB-Anschlüsse und oft sogar die Möglichkeit, über Solar und Lichtmaschine zu laden. Der große Vorteil ist, dass alles bereits fertig in einem portablen Gehäuse zusammengepackt ist. Der Nachteil wiederum ist, dass eine Abstimmung auf eigene Bedürfnisse nicht möglich ist.

Verkleidung & Boden

Nachdem du nun deinen Camper isoliert und die Kabel für die Bordelektrik verlegt hast, kannst du den Innenraum verkleiden, sodass der Unterbau nicht mehr sichtbar ist. In diesem Stadium verlegst du auch deinen Bodenbelag.

Materialien für die Innenverkleidung

Bei dem Material für die Innenverkleidung deines Campers ist wichtig, dass es langlebig, wenn möglich wasserabweisend und leicht ist und nicht splittert. Folgende Optionen bieten sich an:

Original-Paneele: Grundsätzlich spricht nichts dagegen, die bereits im Wagen verbauten Paneele wiederzuverwenden – ganz im Gegenteil. Ein großer Vorteil ist neben der Ersparnis auch, dass diese bereits passgenau und dadurch leicht wieder anzubringen sind. Kleine Beschädigungen oder alte Bohrlöcher kannst du mit Holzspachtelmasse auffüllen und die Verkleidung neu streichen.
Alternativ kannst du beschichtete MDF-Platten in derselben Größe und gewünschten Farbe dazu kaufen.

Nut-und-Feder-Profilholz ist optisch wohl die schönste Wahl. Leider ist diese Option aber weniger zu empfehlen, da das Holz splittern kann und daher nicht von jedem TÜV-Prüfer abgenommen wird.

Beschichtete MDF-Platten (Dekorpaneel) gibt es ebenfalls zum Stecken, was für eine tolle Optik und eine einfache Befestigung sorgt.

Beschichtete oder unbeschichtete Sperrholzplatten sind eine weitere Möglichkeit für die Innenverkleidung. In größeren Baumärkten gibt es bereits beschichtete Sperrholzplatten, meistens jedoch nur in Weiß. Du kannst auch unbeschichtetes Sperrholz kaufen und selbst lackieren. Achte dabei auf das Gewicht. Eine Dicke von 4 mm ist für die Wandverkleidung ausreichend.

Velours-Schaumstoff, Filz und Kunstleder sind dünn, sodass du jeden Millimeter nutzen kannst. Jedoch lassen sich dahinter schlecht Kabel verlegen. Außerdem müssen sie angeklebt werden und sind daher schwieriger auszutauschen.

Original-Paneel hinter unserem Schrank, weiß gestrichen

Innenverkleidung: Unterkonstruktionen & Rahmen

Am einfachsten ist es, die Wände und das Dach noch vor dem Möbeleinbau zu verkleiden. Das hat den Vorteil, dass du jetzt im Bus noch mehr Platz zum Stehen und Arbeiten hast und du die Möbel besser an die Innenverkleidung anpassen kannst. Für die Innenverkleidung solltest du dir zunächst eine Unterkonstruktion bauen, damit du die Verkleidung nicht direkt auf den Holmen anbringen musst. Am besten befestigst du neben den Holmen Kanthölzer mit einem Winkel.

> **Wichtig:** Merke dir bei den Seitenwänden, wo sich **Holme** befinden. Hier kannst du deine Möbel befestigen. Markiere die Holme z. B. mit Kreppband auf der fertigen Verkleidung.

Durch Blech bohren

Generell ist es einfacher, durch einfaches Blech zu bohren. Doppeltes Blech lässt sich relativ schwer durchbohren. Bohre dazu am besten mit einem kleinen Metallbohrer vor und schraube das Kantholz dann mit selbst schneidenden Blechschrauben an. Natürlich darfst du niemals durch die Außenwand bohren, außer du willst dort ein Fenster anbringen!

Wenn du möchtest, dass deine Wandverkleidung z. B. aus MDF-Dekorpaneelen so stabil ist, dass du dich später daran anlehnen kannst, solltest du **für mehr Stabilität** über größere Flächen eine oder mehrere Holzlatten einziehen. So können sich die Dekorpaneele nicht durchdrücken oder sogar brechen.

Bedenke bei der Seiten- und Dachverkleidung auch, wo du **Lichtquellen** anbringen möchtest. Die Kabel dafür hast du ja bereits verlegt. Nun musst du nur noch an der richtigen Stelle die Kabel in den Camper-Innenraum führen. Bohre dafür an den richtigen Stellen jeweils ein kleines Loch in die Verkleidung und fädle die Drähte beim Einbau hindurch.

Lass dir helfen! Hole dir für die Anbringung der Seiten- und Dachverkleidung wenigstens eine weitere Person zu Hilfe. Anhalten, anpassen und gleichzeitig schrauben ist nämlich alleine sehr schwierig.

Beschichtete MDF-Platte (Dekorpaneel) auf einer Unterkonstruktion aus Holzlatten

Verkabelung der LED-Deckenleuchter in der Nut-und-Feder-Holzverkleidung.

Anleitung: Verkleidung anbringen

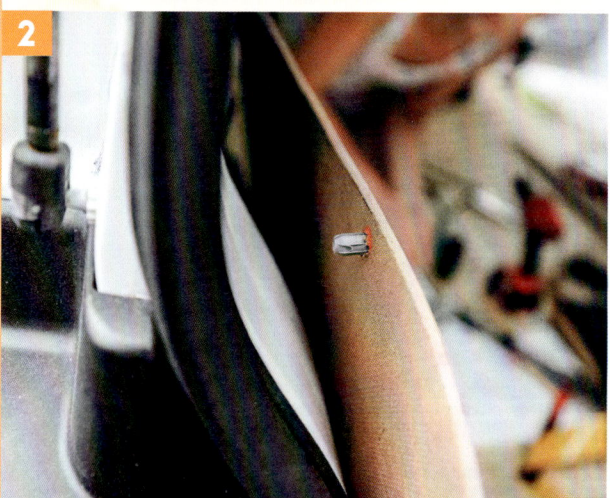

Du brauchst
- » Verkleidungsmaterial nach Wahl
- » Holzschrauben
- » Stichsäge
- » Bohrmaschine
- » Kegelsenker
- » Kunststoffhammer
- » dicker Stift
- » evtl. Pinsel/Lackrolle
- » evtl. selbstschneidende Blechschrauben
- » evtl. Holzspachtelmasse
- » evtl. Öl oder Farbe, Klarlack

Bei der Verwendung von Steckplatten oder Nut-und-Feder-Brettern gehst du ganz einfach nach und nach von einer Seite zur anderen (Decke) oder von unten nach oben (Seitenwände) vor. Es genügt, jede zweite bis dritte Platte an der Unterkonstruktion festzuschrauben.

Nut-und-Feder-Holz solltest du vor dem Anbringen ölen. Dazu eignet sich z. B. Leinöl. Halte die auf der Packung angegebene Trocknungszeit ein.

MDF-Platten gibt es beschichtet und unbeschichtet. Beidseitig beschichtete MDF-Platten sind also bereits versiegelt; unbeschichtete sollte man beidseitig mit Klarlack streichen.

Wir konnten lediglich einseitig beschichtete MDF-Platten finden und haben daher zunächst die Rückseite und die Schnittkanten mit Klarlack versiegelt (**Bild 1**). Verwende die alten Paneele zum Abzeichnen. Bedenke dabei, welche Seite vorne ist! Zeichne die zu bohrenden **Löcher** vorne an und bohre von vorne nach hinten, um unschönes Ausfransen des Materials auf der Vorderseite zu vermeiden (Bild 2). Verwendest du die Original-Paneele oder einen selbst angefertigten Nachbau, ist die Anbringung sehr simpel. Wenn die bereits vorhandenen Dübel und Kunststoff-Schrauben noch gut erhalten sind, kannst du sie wiederverwenden. Ansonsten gibt es diese auch zu kaufen. Dann musst du lediglich die Abdeckung an der richtigen Stelle ansetzen und mit einem **Gummi- oder Kunststoffhammer** die Dübel und Clips wieder festschlagen (Bild 3).

Die Original-Seitenplatten sind sehr knapp bemessen und das Material biegt sich bei der Anbringung, denn die Wände des Fahrzeugs sind nicht gerade. Auch bei nachgebauten Verkleidungsplatten musst du diese leichte Biegung herstellen. Am besten lässt du dir hier von einer zweiten Person helfen: Einer drückt die Paneele fest gegen die Wand, der/die andere bringt die Dübel und Clips an. Alternativ werden oft Nietmuttern für die Seitenwände verwendet. Hiervon raten wir ab, da diese sich nur schwer wieder lösen lassen.

> **Tipp:** Eine helle Farbe lässt den Innenraum des Busses **größer wirken**. Bedenke das bei deiner Farbwahl für die Seiten, die Decke und später für die Möbel.

Anleitung: Safe verbauen

Du brauchst
- Safe (inkl. Schrauben)
- Unterlegscheiben
- Akkuschrauber
- Winkelschleifer
- Maßband

Wenn du einen Safe in deinen Camper einbauen willst, sollte dies geschehen, bevor du den Bodenbelag verlegst und befestigst.

Es ist sinnvoll, den Safe mit dem Boden zu verschrauben, da man ihn so nur sehr umständlich lösen und mitnehmen kann. Natürlich kann man ihn auch mit Teilen der Wandkonstruktion verschrauben.

Zum **Verschrauben** des Safes müssen Löcher an den richtigen Stellen vorgebohrt werden. Überlege dir also gut, wo in deinem Bus der Safe platziert wird. Ist nämlich der Bodenbelag einmal mit Silikon verfugt, lässt er sich nur noch schwer lösen. Hier siehst du die Verschraubung an der Bodenunterseite (**Bild 1**).

Wenn die Bodenplatte bereits im Bus liegt, stelle den Safe am besten direkt darauf und zeichne die Bohrlöcher und die Außenkanten des Safes ein. Die Schrauben lassen sich mit einem Winkelschleifer auf die **richtige Länge** kürzen. So ragen die Schrauben nicht zu tief in den Safe. Berücksichtige beim Messen der Schraubenlänge die Dicke von Bodenplatte und Bodenbelag sowie der Mutter. Als Abstandhalter beim Absägen bieten sich beispielsweise Unterlegscheiben an (**Bild 2**). Auch beim Möbelbau um den Safe muss gut gemessen werden (**Bild 3**).

Bodenbelag

Nachdem du die Bodenisolierung und die Bodenplatte angebracht hast, kannst du dich nun für einen Bodenbelag entscheiden. Eine Trittschalldämmung ist im Bus nicht wirklich notwendig. Wichtiger sind eine möglichst geringe Dicke, wenig Gewicht sowie Langlebigkeit und robuste Verarbeitung.

Bodenbelag von der Rolle

Bodenbeläge aus PVC, Vinyl und Linoleum als Meterware sind eine simple Option, die in nahezu jeder Optik erhältlich ist. Ihr Vorteil: Sie sind sehr leicht zu reinigen, dünn, hitzebeständig und zudem auch preiswert. Die Rollenware ist außerdem sehr einfach und schnell zu verlegen. Der Nachteil: Die Böden sind relativ weich und können leicht von scharfkantigen Gegenständen beschädigt werden.

Die Ränder werden mit Silikon abgedichtet.

Rolle zum **Verlegen** den Bodenbelag aus, lege die Bodenplatte darauf und zeichne die Ausschnittkanten an. Ist deine Bodenplatte bereits fest im Bus befestigt, bietet es sich an, den Bodenbelag in den Bus zu legen. Dort wird die Form großzügig eingezeichnet, entlang dieser Kanten vorgeschnitten und dann direkt im Bus final zugeschnitten. Verfuge die Ränder anschließend noch mit Silikon. Verkleben musst du den Boden nicht zwingend, denn die Möbel, Silikonfugen und Abschlusskanten verhindern, dass er verrutscht.

Klick-Vinyl

Klick-Vinyl oder auch Linoleum verlangen beim Verlegen viel Präzision. Die Platten werden schwimmend verlegt. Das heißt, dass der Boden nicht verklebt oder vernagelt wird. Lediglich an den Abschlusskanten werden die Platten mit Silikon mit der Karosserie verbunden. Das Silikon gibt dem Boden jedoch genügend Bewegungsfreiheit, um sich bei Temperaturschwankungen etwas zusammenzuziehen oder auszudehnen.

Bei unserem T5 haben wir uns für einen bereits mit Zement versehenen Vinylboden mit 5 mm Dicke entschieden. Aufgrund der Zementbeschichtung ist das Risiko, dass der Boden sich zu viel ausweitet oder zusammenzieht, geringer. Er bringt jedoch viel Gewicht mit sich: 7,4 kg/m². Zu Beginn wird das Vinyl dem Raumklima angepasst. Lasse es also 48 Stunden lang in deinem Bus auf ebener Fläche liegen.

Anleitung: Click-Vinyl verlegen

Sortiere das Muster so, wie du es später verlegen möchtest. Verlege nun die erste Reihe – idealerweise in der Längsrichtung zur Hauptlichtquelle. Beginne links und arbeite dich nach rechts vor. Achte darauf, dass die Längskanten in einer Flucht liegen und keinen Versatz bilden. Dies ist wichtig, um die Paneele der zweiten Reihe fugenfrei ansetzen zu können.

Wir entschieden uns, die erste Reihe ohne Zuschnitt zu verlegen. Die anzupassenden Teile für **Ecken und Nischen** pausten wir auf **Backpapier** ab, schnitten den Bereich sorgfältig aus und übertrugen so den benötigten Zuschnitt auf das Vinyl (**Bild 1**). Für einen **schönen Abschluss** bieten sich zwei Möglichkeiten für das Endstück: Entweder sägst du das Vinyl von der Unterseite mit einer Stich- oder Kreissäge auf die richtige Länge oder du ritzt es mit einem Cuttermesser an der Oberseite ein und brichst es dann über eine Kante (**Bilder 2 und 3**).

Du brauchst
- » Click-Vinyl
- » Gummihammer
- » Cuttermesser (oder Stich- und Kreissäge)
- » Silikon
- » Backpapier
- » Schere
- » Stift + Lineal

Beim Anlegen der nächsten Reihe stecke das Paneel zuerst in einem 20°-Winkel ein und senke es dann ab (**Bild 4**).
Sollte es nicht „klicken" und die Kanten nicht ganz bündig abschließen, hilf mit einem Gummihammer vorsichtig nach. Der Boden senkt sich von alleine ab, wenn das Panel perfekt sitzt.
Lasse zum Rand hin etwa 5 mm Abstand, damit der Boden sich hier etwas ausdehnen kann. Diesen Abstand verfugst du abschließend mit Silikon. Beim Lochausschnitt für den Safe solltest du ebenfalls etwas Platz um die Schrauben herum lassen.

1

2

Abschlusskanten

Die Abschlusskanten hinten am Heck sowie an der Schiebetür verdecken die Kanten deines Bodenbelags und der Isolierung. Sie sind wichtig, damit sich kein Schmutz in den Spalten sammeln kann. Für die Abschlusskanten eignen sich **Alu-Winkelprofile**. Es ist einfacher, an einer geraden Fläche abzuschließen. Sollte das nicht möglich sein, kannst du den betreffenden Bereich mit Holz auskleiden. Oder du sägst die Alu-Winkelprofile mit einem Winkelschleifer passend zu bzw. trennst die Ecken ab. Messe die benötigte Länge und säge das Profil mit einem Winkelschleifer zurecht. Bohre dann die Löcher für die Schrauben mit dem passenden Metallbohrer im Aluprofil vor. Zum Schluss verschraubst du den Kantenschutz mit dem Boden und der Bodenplatte.

Küche & Sanitär

Das wohl wichtigste in deinem Camper sind außer dem Bett wohl die Kochmöglichkeit, die Wasserversorgung und das Stille Örtchen. Wie bei so vielem gibt es auch hier verschiedene Möglichkeiten.

Küchenzeile

Vor dem Bau einer Küchenzeile ist eine detaillierte Planung wichtig. Folgende Fragen solltest du beantwortet haben, bevor du mit dem Bau beginnst.
- Wie viel Platz steht für die Küchenzeile zur Verfügung?
- Wie viel Stauraum benötige ich?
- Bedenke eine größere, tiefere Lade oder ein Fach für Töpfe, Pfanne, Teller, Schüsseln und Becher. (Anleitung: Schublade bauen ab S. 116)
- Unter der Spüle muss genügend Platz sein, um das Spülbecken zu versenken. Auch Platz für den Wasserhahn musst du mit einplanen.
- Willst du mit Gas oder Strom kochen? Wo soll dein Herd sein und wie viel Platz benötigst du dafür? Wenn du mit Gas kochen willst: Wo könnte der Gaskasten Platz finden?
- Wo bringst du Frisch- und Abwasser an? (Details zum Einbau ab S. 89)
- Wie groß ist dein Kühlschrank und wo soll er sich befinden?

Oft sieht man beim T5 **Außenküche oder Heckküchen**. Dafür empfiehlt es sich, Auszüge mit Lock-in/out-Einrastfunktion zu verbauen. Diese sind jedoch sehr teuer und wir würden sie lediglich für eine klassische T5-Heckküche, nicht für die restlichen Schubladen im Bus empfehlen.

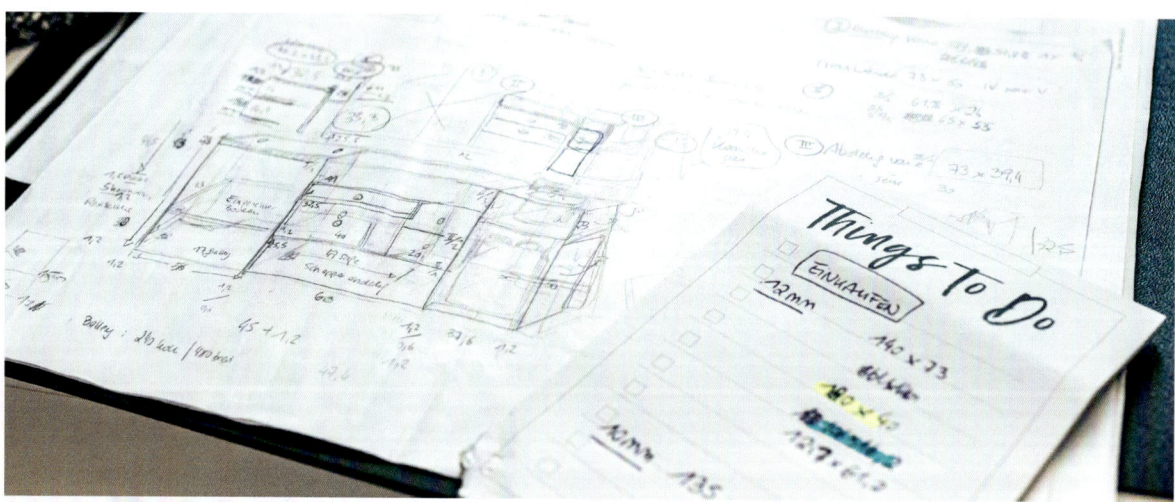

Küchenplanung und Einkaufsliste für den Baumarkt

In unserem VW T5 dienen die aufklappbare Arbeitsplatte sowie die Kocherabdeckung als Rückwand.

Küchenrückwand-Alternativen

Ein hitzebeständiger Spritzschutz, der leicht zu reinigen ist, ist für jede Küche ein Must-Have. Folgende Materialien sind für deine Camper-Küche denkbar:

Kork ist ein sehr vielseitiges, natürliches Material. Wenn auch nicht von uns persönlich erprobt, so sollte geölter Kork durch seine Hitzebeständigkeit als Spritzschutz sehr gut funktionieren. Zudem ist Kork nachhaltig und leicht.

Für einen Spritzschutz aus **Glas** solltest du im Camper nur ESG-H-Glas (Einscheibensicherheitsglas) verwenden. Das H steht dabei für Heißlagerungstest. Dieses Glas kann höheren Temperaturunterschieden standhalten. Anderes Glas könnte platzen oder reißen, besonders in der Aufheizphase. Der Nachteil von Glas ist sein Gewicht.

Bei einer **Edelstahlplatte** brauchst du eine Belüftung von hinten. Du musst also einen Abstand zur Wand lassen, sodass die Wärme abgeleitet wird. Zur Befestigung eignen sich z. B. dickere Magnete an der Rückwand. Sie halten Abstand, und du kannst die Platte gut lösen und reinigen.

Plexiglas und **Vinyl** bieten sich ebenfalls an, sofern ein größerer Abstand zur Kochstelle gewährleistet ist.

Fliesen sind hitzebeständig und leicht zu reinigen. Durch die Bewegung, die beim Fahren entsteht, kann es jedoch leicht zu Brüchen kommen. Deshalb ist der Abstand der Fliesen wichtig. Je nach Material sind Fliesen auch sehr schwer.

Holz ist nur begrenzt hitzebeständig. Hier muss ein entsprechender Abstand zum Herd bestehen.

Kühlschrank

In deiner Camper-Küche solltest du eine Möglichkeit einplanen, deine Lebensmittel kühl zu halten. Aber auch hier gibt es ganz unterschiedliche Optionen. Absorber-Kühlschrank, Kompressor-Kühlbox, elektrisch oder gasbetrieben? Das kommt ganz auf deine individuellen Bedürfnisse an!

Gas oder Strom betrieben?

Die erste Überlegung ist, mit welcher Art von Energie du deinen Kühlschrank betreiben möchtest.

Wenn du die Möglichkeit haben möchtest, lange autark zu stehen, vorrangig in sonnigen Gebieten unterwegs bist und genügend Solar auf deinem Camper-Dach verbaut hast, spricht alles für einen mit Strom betriebenen Kühlschrank oder eine Kühlbox. Außerdem bist du so unabhängig und musst nicht darauf hoffen, den passenden Gasanschluss-Adapter für ausländische Gasflaschen dabeizuhaben. Wenn du aber sowieso eine große Gasflasche mitführst und deine Solarenergie gerade mal fürs Aufladen deines Handys ausreicht, ist ein Gas-Kühlschrank für dich besser geeignet.

	Elektrischer Kühlschrank	Gas-Kühlschrank
Vorteile	• bei Strom von Solaranlage bzw. Lichtmaschine keine Betriebskosten • einfache Installation	• geräuschlos • lange Lebensdauer • günstigerer Anschaffungspreis
Nachteile	• hoher Anschaffungspreis • für autarkes Stehen muss genug Solarenergie vorhanden sein	• stetige Kosten durch den Gas-Verbrauch • zeitlicher Aufwand des Nachfüllens • Gasbehälter benötigt Platz im Camper • Lüftungsloch erforderlich

Arten von Camping-Kühlschränken

Abgesehen von der Energiequelle gibt es außerdem verschiedene Funktionsarten von Kühlschränken.

Absorber-Kühlschrank

Absorber-Kühlschränke für Wohnmobile sind meist mit einem Anschluss für 12 V, 230 V und Gas ausgestattet. Das bedeutet, dass der Kühlschrank theoretisch in jeder Situation, jedoch praktisch nur mit ausreichend Gas läuft, da der Energieverbrauch im Strombetrieb (230 V, 12 V) zu hoch ist. Die Versorgungsbatterie würde hier schnell an ihre Grenzen kommen. Nur in Verbindung mit Landstrom wäre der Strombetrieb des Absorber-Kühlschrankes eine Möglichkeit, um Gas zu sparen.

Beispiel Energieverbrauch

Strom: Verbrauch 230 V/12 V, 2,5 kWh/24 h
Bei reinem Strombetrieb würde der Verbrauch ca. 210 Ah pro Tag betragen.
Gas: 270 g/24 h
Mit einer 5 kg-Gasflasche würdest du also ca. 18 Tage lang auskommen.

> **Achtung:** Nicht jeder Camping-Absorber-Kühlschrank ist auch für den Gasbetrieb im Wohnmobil zugelassen.

Kompressor-Kühlschrank

Ein Kompressor-Kühlschrank wird **ausschließlich mit Strom** betrieben. Der Stromverbrauch ist deutlich geringer als bei einem Absorber-Kühlschrank. Da ein Kompressor-Kühlschrank, wie der Name

In unserem Citroën haben wir eine Kompressor-Kühlbox in einem ausziehbaren Fach untergebracht.

schon sagt, mit einem Kompressor kühlt, ist damit auch eine Geräuschentwicklung verbunden. Man gewöhnt sich aber relativ schnell daran und diese ist nur zu hören, wenn der Kühlschrank gerade kühlt.

Beispiel Stromverbrauch (12/24 V, 60 L)
Umgebungstemperatur 25 °C/Außentemperatur 2 °C
0,29952 kWh/24 h
Der Verbrauch beträgt ca. 24 Ah pro Tag.

Kompressor-Kühlbox
Eine weitere Alternative zum Kühlen deiner Lebensmittel auf Reisen ist eine Kompressor-Kühlbox. Diese sind effizient und platzsparend.

Beispiel Stromverbrauch
Umgebungstemperatur 20 °C
0,38 Ah/h
Die Kühlbox kommt somit auf einen Stromverbrauch von ca. 9 Ah pro Tag.

	Absorber-Kühlschrank	Kompressor-Kühlschrank	Kompressor-Kühlbox
Vorteile	• unabhängig von Strom zu betreiben • geräuschlos	• geringer Stromverbrauch • kein Problem bei hohen Außentemperaturen	• geringster Stromverbrauch • geringer Kälteverlust beim Öffnen
Nachteile	• hoher Verbrauch im Strombetrieb • geringere Kühlleistung bei hohen Außentemperaturen (ab 30 °C) • weniger Leistung bei Schieflage • Lüftungsgitter nach außen notwendig	• nur Strombetrieb möglich • Betriebsgeräusche	• nur von oben aus be- und entladbar • meist weniger Volumen als ein Kühlschrank

Kochen im Camper

Wer in seinem Bus kochen will, der braucht einen Energielieferanten. Dafür gibt es mehrere Lösungen.

Kochen mit Gas
Gas wird oft und gerne in Großküchen und von professionellen Köchen verwendet und auch in den meisten Campingküchen eingesetzt. Es ist sofort an oder aus, es gibt keine Restwärme ab und benötigt kaum Zeit zum Vorheizen. Gas lässt sich gut transportieren und je nach Region einfach wieder auffüllen oder in Kartuschen kaufen.
Eine Gasanlage im Wohnmobil muss jedoch vor der ersten Inbetriebnahme sowie in regelmäßigen Abständen durch einen Sachverständigen geprüft werden.

Es gibt unterschiedliche Möglichkeiten für das Kochen mit Gas:

Gaskocher mit Gasflasche
Der Klassiker: Eine große Gasflasche befindet sich sicher verstaut in einem Gaskasten. Diese kann z. B. im Baumarkt gegen eine volle Gasflasche getauscht oder von einem Fachbetrieb nachgefüllt werden. Alternativ kauft man im jeweiligen Reiseland eine Gasflasche.
- ⊕ große Füllmenge
- ⊕ günstige Nachfüllung
- ⊕ Gasflasche kann auch für Heizung oder Kühlschrank verwendet werden
- ⊖ Aufwand bei der Installation
- ⊖ Gasprüfung
- ⊖ unhandlich (wenn im Freien gekocht werden soll)
- ⊖ nimmt viel Platz ein im Bus

Gaskocher mit Schraubkartuschen
- ➕ lassen sich im Gegensatz zu Stechkartuschen jederzeit an- und abschrauben, ohne dass Gas austritt
- ➕ weit verbreitet
- ➕ flexibel einsetzbar (Lampen, Kocher, Grill, …)
- ➕ Füllmenge bis zu 500 g
- ➕ handlich (im Freien kochen)
- ➕ keine Gasprüfung notwendig
- ➕ braucht wenig Platz
- ➖ Preis
- ➖ nicht nachfüllbar

Gaskocher mit Ventilkartusche
- ➕ weit verbreitet
- ➕ keine Gasprüfung notwendig
- ➕ handlich (im Freien kochen)
- ➕ braucht wenig Platz
- ➖ kleine Füllmenge
- ➖ nicht nachfüllbar

Gaskocher mit Stechkartuschen
- ➕ günstig
- ➕ handlich (im Freien kochen)
- ➕ einfache Handhabung
- ➕ weit verbreitet
- ➕ keine Gasprüfung notwendig
- ➕ braucht wenig Platz
- ➖ muss entleert werden, bevor sie vom Kocher entfernt wird
- ➖ ohne „Gas Lock System" kann es beim Entfernen zu Gasaustritt kommen
- ➖ nicht nachfüllbar

Kochen mit Strom
Kochen mit Strom bedarf einiges an Batteriekapazität. Es ist wichtig, dass die Batterie diese hohen Ströme über einen längeren Zeitraum liefern kann. Dafür sollte zumindest eine starke AGM-Batterie verbaut sein.

Wenn man autark steht, muss die Batterie auch wieder geladen werden. Am besten über eine starke Solaranlage. Manchmal spielt jedoch das Wetter nicht mit. Bedenke alle Eventualitäten. Zudem haben Batterien ein hohes Eigengewicht und dabei eine niedrige Energiedichte im Vergleich zu Gas.

Planst du, hauptsächlich auf Campingplätzen oder Stellplätzen mit Landstrom zu stehen, musst du dir über den Energieverbrauch beim Kochen keine Gedanken machen. Voraussetzung ist, dass der Stellplatz einen hohen Stromfluss zulässt.
- ➕ kein Gas im Camper
- ➖ sehr hoher Anschaffungspreis beim Betrieb außerhalb von Campingplätzen (Wechselrichter, Batterien)
- ➖ hoher Energieverbrauch
- ➖ Gewicht

Kochen mit Spiritus
Ein Spirituskocher ist eine gute Alternative zu einem Gaskocher. Der Spirituskocher muss jedoch ausdrücklich für die Verwendung in einem Wohnmobil zugelassen sein.
- ➕ unkompliziert
- ➕ überall erhältlich
- ➕ handlich (im Freien kochen)
- ➖ geringerer Heizwert als Gas

Wasserversorgung

Frisches Wasser, ob zum Trinken oder Abwaschen, ist in deinem fahrenden Zuhause absolut notwendig. Vor allem dann, wenn du nicht jede Nacht auf dem Campingplatz verbringst. Deswegen ist es wichtig, die richtigen Schläuche zu verlegen und eine passende Pumpe für dein Frischwasser anzubringen.

Wohin mit dem Frischwassertank?

Für den Frischwassertank gibt es verschiedene Anbringungsorte. Die Anbringung an der Unterseite des Fahrzeugs spart Platz im Wohnraum, ist aber bei zu hohen oder zu niedrigen Außentemperaturen nicht ideal. Das Wasser erhitzt sich schnell, kippt und schießt grün aus dem Wasserhahn. Oder aber es gefriert. Im L2H2 brachten wir die Wasserversorgung seitlich **hinter den Radkästen** an. Im VW entschieden wir uns dazu, das Frischwasser direkt unter der Spüle zu platzieren. An beiden Orten sind die Frischwasserbehälter witterungsbeständig verbaut. Der Vorteil des Frischwassertanks direkt **unter der Spüle** ist, dass keine langen Schläuche verlegt werden müssen. Hast du jedoch Platz das Frischwasser seitlich hinter den Radkästen zu verstauen, ist dies eher zu empfehlen, da es dir mehr Stauraum im Wohnraum gibt. Wichtig ist auf jeden Fall, dass der Kanister zum Befüllen und Reinigen gut zugänglich ist.

Angeschlossener Wasserkanister im L2H2-Camper

Platzsparende Wasserversorgung unter der Spüle im T5

Wie viel Frischwasser brauchst du?
Das hängt ganz davon ab, ob du wochenlange Wüstentouren planst oder dich hauptsächlich in Europa bewegst. Außerdem benötigst du mit einer fest verbauten Dusche auf jeden Fall mehr Wasser als ohne. Auf unseren monatelangen Reisen mit unserem L2H2-Bus füllten wir unseren 38 l-Vorrat alle 4–5 Tage nach. Im VW haben wir aus Platzmangel lediglich 19 l mit dabei. Da es in Europa zumeist gut zugängliche Trinkwasserquellen gibt, ist das kein Problem.
Sowohl in unserem L2H2 als auch im VW T5 entschieden wir uns für **19 l-Weithalskanister**. Diese sind leicht zu reinigen und lassen sich auch in befülltem Zustand noch tragen und in den Bus heben. Wichtig ist, dass die Wasserbehälter eher hoch als breit sein sollten, da es so in den Kurven weniger schwappt. Große Kanister mit über 30 Litern sollten außerdem in Kammern unterteilt sein, sodass bei der Fahrt keine Schwingungen entstehen.

> **Tipp:** Befestige längere Wasserschläuche mit **Klemmen** an der Wand. So knicken sie nicht ab oder werden anders unterbrochen.

Die **Wasserpumpe** wird mithilfe von Elektro-Verbindungsklemmen mit dem Strom und dem Schalter verbunden. Das braune Kabel der Wasserpumpe gehört auf die Plusleitung und das blaue Kabel auf die Minusleitung.

Wasserschlauchführung mit Klemmen

Für den **Frischwasserschlauch** verwendet man am besten lebensmittelechte KTW-Schläuche oder zumindest PVC-Nahrungsmittel-Schläuche. Dieser sollte nach einigen Jahren ausgetauscht werden, da sich hier ein Film bilden kann. Pumpe und Wasserhahn entscheiden über die Schlauchdicke. Sollte die Dicke nicht übereinstimmen, kannst du Adapter verwenden. Schneide den Schlauch in die passende Länge und ziehe ihn über den Anschluss. Abschließend wird der Schlauch mit einer Schelle festgezogen und gesichert.

Reinigung
Je nach Verwendung musst du das Wassersystem zumindest ein bis zwei Mal im Jahr komplett reinigen. Dafür gibt es natürliche Reinigungsmittel wie Zitronensäure, aber auch chemische, wie man sie im Campingladen bekommt. Spüle anschließend gründlich nach. So verhinderst du, dass das Reinigungsmittel in dein Trinkwasser gelangt.

Frischwasserpumpen

Wenn du den Luxus von fließendem Wasser in deinem Camper genießen möchtest, brauchst du auch eine passende Wasserpumpe.

Dafür gibt es zwei weit verbreitete Pumpensysteme: eine **Tauchpumpe**, die direkt im Wasserkanister sitzt, oder eine **Druckwasserpumpe**, die außerhalb des Kanisters befestigt wird.

Tauchpumpe

Die einfachere Wahl und völlig ausreichend ist die Tauchpumpe. Diese ist klein, verschwindet im Wassertank und benötigt keine aufwendige Installation. Sie ist außerdem relativ leise, da die Geräusche vom Wasser rundum gedämpft werden. Der Einbau ist einfach: An die Pumpe kommt ein passender PVC-Schlauch, der mit der Stromversorgung durch die Verschlusskappe bis zum Wasserhahn führt. Dort schließt du den Schlauch direkt an den Wasserhahn an.

Für die **Stromversorgung** kannst du die Minusleitung einfach mit deiner Masse verbinden. Die Plusleitung wird von der Pumpe zu einem Schalter verlegt. Dies kann entweder ein ganz normaler 12 V-Schalter sein oder – sehr praktisch – ein in den Camping-Wasserhahn integrierter Mikroschalter.

Beim Camping-Wasserhahn aktiviert sich die Pumpe automatisch, wenn der Wasserhahn geöffnet wird. Die zweite Leitung vom Camping-Wasserhahn oder vom Schalter wird zum Sicherungskasten geführt und entsprechend abgesichert.

Der große Nachteil an diesem System ist, dass **nicht genügend Druck** für „normale" Wasserhähne entsteht. Die dafür vorgesehenen Camping-Wasserhähne sind meist aus Kunststoff und nicht sonderlich stabil und schön. Die verbauten Mikroschalter gehen zudem relativ schnell kaputt.

Wenn der Wasserkanister nicht direkt unter dem Wasserhahn platziert ist, dauert es etwas, bis das Wasser am Wasserhahn ankommt. Dann könnte man ein Rückschlagventil verbauen, damit das Wasser in der Leitung bleibt und die Wasserpumpe weniger Arbeit hat.

- ⊕ platzsparend
- ⊕ einfache Installation
- ⊕ günstig
- ⊕ wartungsfrei
- ⊕ geringes Gewicht
- ⊖ weniger Druck
- ⊖ kann schnell im Leerlauf überhitzen
- ⊖ begrenzte Auswahl an kompatiblen Wasserhähnen

Durchführung Wasserschlauch und Kabel für Pumpe

Druckwasserpumpen

Druckwasserpumpen werden außerhalb des Wassertanks platziert. Das ist sogar einige Meter entfernt möglich. Sie haben eine lange Lebensdauer und können, je nach Modell, einen hohen Wasserdruck liefern. Zu viel Wasserdruck sollte im Camper jedoch vermieden werden, da einige Geräte im Camper, wie z. B. Boiler, oft für einen geringeren Druck ausgelegt sind. Pumpen mit 1,4–2,1 Bar sind für die meisten Anwendungsfälle völlig ausreichend. Druckwasserpumpen sind im Normalfall lauter als Tauchpumpen. Es gibt jedoch auch leisere Camping-Baureihen.

Der größte Vorteil dieser Pumpe ist, dass alle gängigen Haushalts-Armaturen kompatibel sind. Die Pumpe funktioniert auch **ganz ohne Schalter**, da sie sich selbst aktiviert, sobald der Wasserdruck in der Leitung sinkt. Druckwasserpumpen sind außerdem weniger empfindlich gegen Trockenlaufen als Tauchpumpen.

Wer möchte, dass die Pumpe bei einer kleinen Wasserentnahme sofort wieder anspringt, kann auch einen Akkumulatorentank verbauen.

Um eine lange Lebenszeit und damit die Herstellergarantie aufrechtzuerhalten, sollte ein **Vorfilter** eingebaut werden. Dieser filtert etwaige Verschmutzungen im Wasser heraus, die sonst die Pumpe beschädigen könnten. Die Filter sind klein und für ca. 10 € zu haben.

Durch die automatische Aktivierung der Druckminderung kann es im Falle eines **Lecks** schnell zu einer Überschwemmung kommen. Daher sollte man einen zusätzlichen Schalter verbauen, um die Pumpe beim Verlassen des Wohnmobils oder über Nacht deaktivieren zu können.

- ⊕ kompatibel mit den meisten Haushalts-Armaturen
- ⊕ sehr lange Laufzeit
- ⊖ teurer
- ⊖ benötigt mehr Platz
- ⊖ Gefahr bei Undichtigkeit
- ⊖ mehr Gewicht

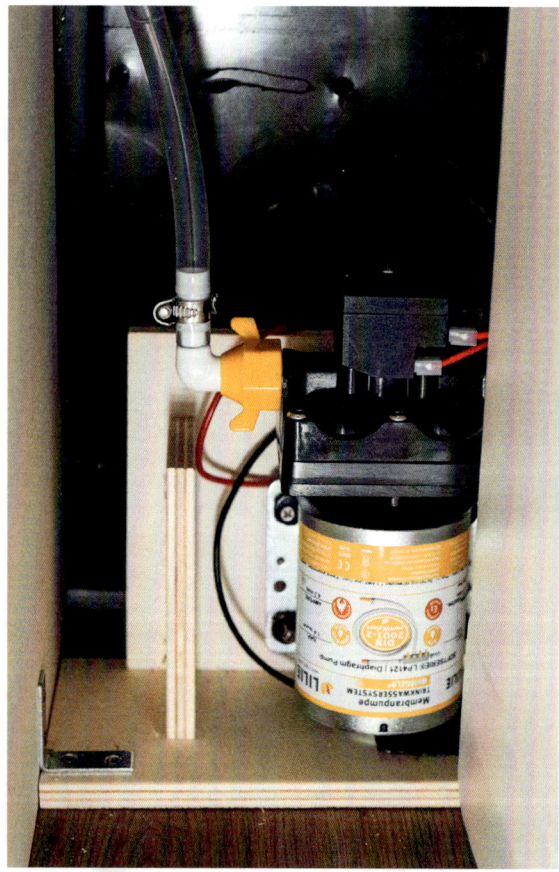

Die Druckwasserpumpe wird außerhalb des Wasserbehälters montiert und angeschlossen.

Installation der Wasserleitungen

Bei wasserführenden Installationen solltest du so wenig Kunststoff-Adapter, Reduzierstücke etc. wie möglich verwenden. Diese werden im Laufe der Zeit eher undicht als eine Verbindung aus Messing. Zum **Abdichten** aller Gewinde verwendest du am einfachsten PTFE-Abdichtband. Dieses wird möglichst straff, flach um das Außengewinde gewickelt. Wenn das Gewinde zu dir zeigt, muss es im Uhrzeigersinn gewickelt werden, so löst sich das Abdichtband beim Einschrauben nicht. Bei 0,1 mm dickem Band reichen in der Regel zwei bis drei Umwicklungen. An allen Leitungen, die gesteckt werden, solltest du zusätzlich eine Schlauchschelle anbringen. Wer eine Druckwasserpumpe verwendet, kann sich mit etwas Bastelarbeit ein **Schnellwechselsystem** selbst bauen. Dazu bringst du eine **Schlauchkupplung** im Deckel des Wasserbehälters an. An den beiden Seiten der Schlauchkupplung

Schnellwechselsystem am Kanister

bringst du Schlauchverbinder an. Falls deine Kupplung den Behälter luftdicht abschließt, bohre ein kleines Loch in den Deckel. Das ermöglicht den Druckausgleich bei der Wasserentnahme.
Der Vorteil gegenüber dem der Wasserleitung im Kanister ist, dass der Behälter schnell gewechselt und kein Wasser von einer eventuell tropfenden Leitung in den Camper gelangen kann.

Schlauchschelle am PVC-Schlauch und PTFE-Band am Metallgewinde

U-Form-Rohrschelle: Sie hält den Schlauch in Position und klemmt ihn nicht ein.

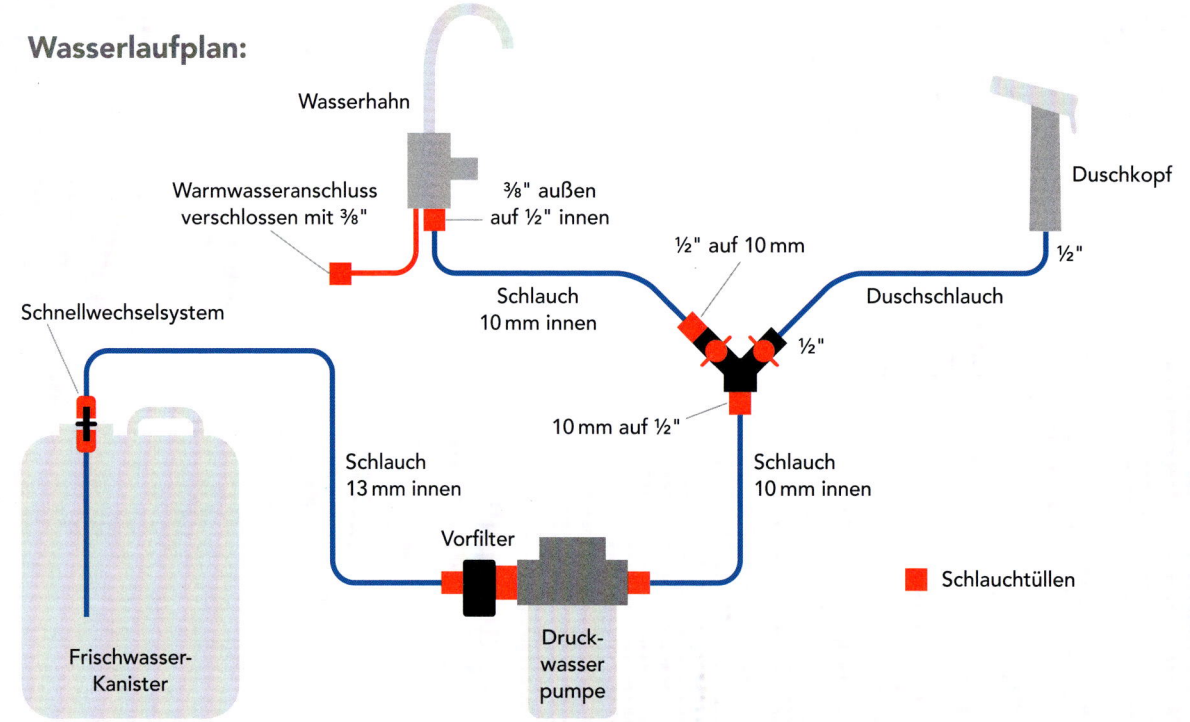

Abwasser

Das Abwasser befindet sich im Idealfall direkt unter der Spüle. So ist der Schlauch kurz und gerade. Damit vermeidest du, dass sich Ablagerungen ansammeln und sich dadurch Geruch oder Schimmel bildet. Du kannst auch einen Geruchsverschluss einbauen. Unser Abwasserkanister fasst 19 Liter und reicht somit meist für 2–3 Tage, bis er entleert werden muss. Du darfst dein Abwasser **auf keinen Fall einfach in der Natur ablassen**! Entleere deinen Abwasserkanister an den dazu vorgesehenen Entsorgungsstationen.

Tipp: Verwende ein 100% natürliches Spülmittel. So tust du der Umwelt und deiner Haut etwas Gutes!

Trinkwasser-Filter, ja oder nein?

Ob du einen Trinkwasserfilter in deinem Bus verwenden möchtest oder nicht, hängt wie so viele andere Dinge von deinen Bedürfnissen und deinem Reiseverhalten ab.

Die Vorteile eines eigenen Trinkwasserfilters

Plastikmüll reduzieren: Mit einem Trinkwasserfilter kannst du, theoretisch und je nach Ausführung, auch das Wasser aus stehenden Gewässern trinken. In vielen Ländern außerhalb Europas gibt es kein Trinkwasser aus der Leitung. Um den Kauf von Trinkwasser in Plastikflaschen gering zu halten, eignet sich ein Trinkwasserfilter ideal.

Platz sparen: Das Trinkwasser separat, z. B. in großen Flaschen (5–6 l) mitzuführen, zusätzlich zu dem Wasser, das du für die Spüle verwendest, braucht ganz schön viel Platz. Besser ist es, Trinkwasser und Wasser für die Spüle aus demselben Kanister zu beziehen.

Kosten sparen: Auf Dauer ist der Einsatz eines Wasserfilters in deinem Wohnmobil auf jeden Fall günstiger, als Wasserflaschen zu kaufen oder für Trinkwasser in kostenpflichtigen Abfüllstationen zu bezahlen.

Arten von Trinkwasserfiltern

Es gibt zwei Optionen für Trinkwasserfilter im Camper: Ein **stationärer Filter** wird im Bus kurz vor dem Wasserhahn eingebaut. Ein **mobiler Filter** wird direkt an die Leitung, durch die du deinen Tank auffüllst, angeschlossen. Dieser filtert das Wasser also, bevor es in den Tank gelangt.

Auch für die **Filtermethoden** gibt es jede Menge Möglichkeiten: Keramik, Aktivkohle, Kunststoff-Hohlfasern, Osmose- und UV-Anlagen. Je nach Gebiet und Anforderungen ist ein anderer Trinkwasserfilter geeignet. Besonders für Reisen in exotische Länder, z. B. eine Expedition durch Afrika, solltest du dich direkt bei den Filter-Herstellern nach dem geeigneten Filter erkundigen.

Diese Fragen können dir bei der Auswahl des richtigen Filters helfen:
- In welche Länder willst du mit deinem Wohnmobil reisen? Gibt es in diesem Land eine öffentliche Wasserversorgung in Trinkwasserqualität?
- Ist es dir wichtig, dass dein Wasser nicht z. B. nach Chlor schmeckt?
- Wirst du deinen Wassertank aus fließenden Quellen, Brunnen oder aus Seen und Bächen auffüllen?
- Wie viel Platz hast du für den Filter? Ist dein Camper z. B. bereits ausgebaut, solltest du unbedingt unter der Spüle ausmessen, ob ein Einbau-Filter dort noch Platz hat. Für kleine VW Bullis und Caddys eignen sich oft die mobilen Optionen besser

Camping-Toilette

Eine eigene Toilette zu haben, gehört zum Campen einfach dazu. Mit der steigenden Anzahl der Camper ist ein In-die-Natur-Gehen einfach nicht zu verantworten, denn das verunreinigt die Orte für die, die nach dir kommen. Wir raten daher auf jeden Fall zu einer eigenen Toilette im Bus. Einzige Alternative: Wenn du ausschließlich auf Campingplätzen übernachten und deren Sanitäranlagen nutzen wirst.
Auch für die Toilette im Camper gibt es verschiedene Möglichkeiten: eine Chemietoilette, eine Trockentoilette oder einfach nur ein Eimer.

Chemietoilette
Chemietoiletten funktionieren fast wie eine normale Toilette. Nur, dass du statt Wasser nachzuspülen Chemie in die Toilette gibst. Die Chemikalien sorgen dafür, dass sich Hinterlassenschaften und Toilettenpapier schneller zersetzen. So geht das Entleeren des Tanks leichter und schneller. Mittlerweile gibt es auch Sanitärflüssigkeiten auf mikrobiologischer Basis.

Trenn- oder Trockentoilette
Die Alternative zur Chemietoilette ist eine Trenn- oder Trockentoilette. Diese trennt, wie der Name bereits verrät, Festes von Flüssigem. Urin und Kot werden also in zwei unterschiedlichen Behältnissen gesammelt. Diese Trennung unterbindet die Geruchsbildung. Bei einer Trenntoilette muss man daher nicht nachspülen, sondern streut die Hinterlassenschaft mit Sägespänen oder ähnlichem ab.

Simple Toiletten-Alternativen
Außerdem bleibt natürlich die Möglichkeit, einen gut schließenden Eimer als Toilette zu verwenden. Diesen musst du aber sehr rasch entleeren!

Wir haben uns bewusst für eine Trenntoilette als Lösung für unseren Bus entschieden. Warum zeigt diese Vor-und-Nachteil-Aufstellung.

	Trockentoilette	Chemietoilette
Vorteile	• kein Strom, keine Chemie und keine Wasseranschlüsse nötig • weitestgehend geruchsneutral • kein Eingang/Ausgang in den Bus nötig • einfache Entleerung • Inhalt kompostierbar	• wird fix und fertig geliefert. • geringer Platzbedarf
Nachteile	• Einstreu (z. B. Sägespäne) muss mitgeführt werden und braucht Platz	• Entsorgung nur an speziellen Entsorgungsstationen erlaubt

Anleitung: Trenntoilette bauen

Fällt deine Wahl auf eine Trenntoilette, kannst du einen Fertig-Bausatz kaufen oder alternativ die Teile einzeln bestellen. In unserem Citroën Jumper integrierten wir die Toilette nachträglich in eine unserer Sitzgelegenheiten, im VW Bus entschieden wir uns für die kompakte Fertiglösung. Bei der individuellen Selbstbau-Lösung musst du den Rahmen, also eine Art Kasten, um

Du brauchst
» Bausatz Trenntoilette oder Einzelteile der Trenntoilette
» Hammer
» Schraubenzieher
» Akkuschrauber

Bausatz für deine Trenntoilette

die Toilette und die Behälter anfertigen. In diesem Fall solltest du die Außenmaße deiner Sitzgelegenheit bereits kennen und diese dementsprechend bauen.
Übertrage zunächst die mitgelieferte Schablone für den **Trenneinsatz** auf das Holz, das als Gehäuse für die Toilette dienen soll. Säge dieses Loch mit einer Stichsäge aus. Stecke dann den Trenneinsatz in das Loch und lege den Toilettensitz an. Markiere, wo die **Bohrlöcher** für den Toilettensitz hingehören. Hier ist keine Millimeterarbeit erforderlich (**Bild 1**).
Bohre in diesem Radius nun das Loch und setze die **Gewindestange**, auf die du zuvor die Lochabdeckung gesteckt hast, ein (**Bild 2**).
Der Toilettensitz kann jetzt noch **feinjustiert** werden. Sitzt der Toilettensitz richtig? Ziehe ihn nun von unten mit einer Unterlegscheibe und einer Mutter fest (**Bild 3**). Passe nun die Höhe der äußeren Holz-

konstruktion um die Toilette so an, dass die Sitzfläche mit den Flüssigkeitsbehältern gut abschließt. Da die Holzkonstruktion selbst gebaut wird, kann man auch selbst die Höhe des Sitzes bestimmen. Es ist sinnvoll, unter bzw. neben der Sitzfläche Stauraum für das notwendige Zubehör (Reinigungsmittel, Entsorgungsbeutel, Einstreu etc.) einzuplanen (Bild 4). Um leichter an die Behälter zu gelangen, haben wir die Holzplatte, unter der sich die Toilette befindet, geteilt und Scharniere angebracht. So kann man die Platte einfach hochklappen. Damit lassen sich die Behälter der Camping-Trenntoilette einfacher entleeren, ohne den ganzen Sitz aus der Verankerung heben zu müssen (Bild 5). Und so sieht die fertig gebaute Toilette aus. Fast wie zuhause (Bild 6). Es gibt auch platzsparende Bausätze für komplette Trenntoiletten inklusive Außengehäuse, die schnell aufgebaut sind. In unserem T5 benutzen wir so eine und schieben sie nach Gebrauch in das passende Fach unter dem Schrank dahinter.

Trenntoilette aus einem Komplett-Bausatz inklusive Gehäuse.

Duschmöglichkeiten

Ob, wie oft und wie im Bus geduscht wird, ist ein umstrittenes Thema unter Campern. Da wir selbst nie eine Nasszelle, also eine Dusche, wie man sie von zuhause kennt, verbaut haben, gibt es hier einige Dusch-Alternativen mit ihren Vor- und Nachteilen:

Nasszelle

Der Einbau einer Dusche im Van erfordert genaue Planung und Durchführung. Generell eignet sich eine Nasszelle im Camper, wenn du planst, länger in deinem Van zu wohnen, eventuell sogar in einer Großstadt. Auch, wenn deine Reisen dich in kältere Länder führen, bietet sich eine eigene Nasszelle im Camper an. Für welche Lösung du dich auch entscheiden solltest, das Abwasser muss entsprechend entsorgt werden.

Vorteile:
- Privatsphäre
- vor Wind und Kälte geschützt. Ob warmes Wasser oder nicht – in den eigenen vier Wänden zu duschen ist mit Sicherheit wärmer als draußen.

Nachteile:
- braucht viel Platz
- hoher Wasserverbrauch. Alles Wasser, das du in deinem Bus verbrauchst, muss transportiert und aufgetankt werden. Damit einher geht auch viel Gewicht!
- teuer, sowohl in Anschaffung als auch Wartung
- Feuchtigkeit im Van

Dusch- und Wasserhahn-Kombination

Der Wasserhahn, den du für die Küche eingebaut hast, erhält einfach eine zweite Funktion: Du kannst hier einen ausziehbaren Brausekopf anbringen, den du z. B. durch ein Fenster nach außen führst. Uns persönlich gefällt diese Lösung sehr gut.

Vorteile:
- platzsparend
- kein zusätzlicher Wassertank
- Wasserdruck ist vorhanden

Nachteile:
- draußen
- muss bei der Planung berücksichtigt werden. Der Wasserhahn sollte in der Nähe eines Fensters oder einer Tür sein.

Dusche zum Aufhängen oder Pumpen

Im Wesentlichen ist diese Dusche ein einfacher, schwarzer Sack. Dieser wird mit Wasser befüllt, durch Sonneneinstrahlung erwärmt und anschließend zum Duschen aufgehängt. Die Pumpversion funktioniert ähnlich, nur dass hierbei deutlich mehr Druck herrscht.

Vorteile:
- wenig Wasserverbrauch
- (halbwegs) warmes Wasser
- das Gefühl, unter der Dusche zu stehen
- günstig
- schnell zu verstauen und platzsparend, handlich und leicht
- muss bei der Planung nicht besonders beachtet werden

Nachteile:
- warmes Wasser nur in wärmeren Ländern
- nicht für die Dauerbenutzung geeignet

In den Eimer stellen und Wasser über den Kopf leeren

Unsere wohl meist genutzte Dusch-Methode. Vor allem nach dem Surfen – wenn wir den Wetsuit wieder ausgezogen haben – waschen wir uns ganz einfach so rasch ab. Das Wasser ist meist kalt, aber das ist in den Gegenden, die wir bereisen, halb so schlimm.

Vorteile:
- keine zusätzlichen Kosten
- keine Vorbereitungszeit

Nachteile:
- kaltes Wasser

Waschlappen

Frag doch mal deine Oma, wie sie sich früher geduscht hat. Wir wollen dir die Antwort verraten: Gar nicht. Früher gab es einen „Badetag" pro Woche. An den anderen Tagen wusch man sich einfach mit einem Waschlappen. Dafür erhitzen wir in unserem Wasserkocher ein wenig Wasser und mischen es auf die richtige Temperatur.

Vorteile:
- warmes Wasser
- wenig Wasserverbrauch
- Privatsphäre
- vor Wind und Kälte geschützt

Nachteile:
- Vorbereitungszeit
- Haarewaschen schwierig
- kein Duschgefühl

Öffentliche Duschen am Strand/Campingplatz

Öffentliche Duschen an Badestränden bieten sich besonders an, wenn man gerade vom Schwimmen oder Surfen kommt. Sie sind zwar meist nur während der Sommersaison in Betrieb, aber bieten ein tolles, kostenloses Duscherlebnis.
Weitere Duschmöglichkeiten gibt es für wenige Euros in Fitnesscentern, öffentlichen Schwimmbädern oder auch auf Sportanlagen. Und wenn man mit dem Camper hauptsächlich auf Campingplätzen steht, kann man natürlich die Duschen dort benutzen.

Vorteile:
- braucht keinen Stauraum im Van
- am Strand: gratis, Fitnesscenter und Sportanlagen oft sehr günstig
- pures Duschgefühl

Nachteile:
- am Strand kaltes Wasser
- draußen
- keine Privatsphäre

Welche Duschmöglichkeit ist die richtige für dich?
- Wie viel Budget hast du für deine Dusche/Duschmöglichkeit?
- Wie viel Platz hast du dafür im Van?
- Wohin geht deine Reise?
- Bist du bereit, deiner Haut eine Pause von viel Reinigung zu geben?

> **Wichtig:** Das Dusch- oder Waschwasser muss immer entsprechend entsorgt werden. Wenn du draußen duschst, verwende kein Shampoo, keine Seife, keinen Rasierschaum! Achte auf die Natur! Auch natürlich abbaubare Kosmetikprodukte dürfen nicht einfach so in der Natur entsorgt werden.

Kein Duschgel, kein Shampoo. Einfach nur Wasser über den Kopf

Einbau-Möbel

Stauraum ist auf so kleinem Raum rar und sollte gut geplant und genutzt werden. Schnell sieht es nämlich auf bloß 6 m² unordentlich aus. Deshalb ist es wichtig, dass alles einen Platz findet. Zudem muss jede Kleinigkeit, die mitgenommen wird, während der Fahrt gesichert werden.

Schränke im Camper

Es gibt unterschiedliche Arten von Schränken, die du in deinem Camper verbauen kannst. Je nachdem, wie dein Grundriss geplant ist, welches Fahrzeug du ausbaust und was du darin verstauen möchtest. Auf den nachfolgenden Seiten beschreiben wir einige Schrank-Einbauten, die sich in unserem Camper bewährt haben.

Beim Planen und Bauen deiner Schränke solltest du vorab an Folgendes denken:

Ganz viel Messen: Die wichtigsten Tools sind ein rechter Winkel und ein Maßband. Denn die Devise lautet: Messen, messen und noch einmal nachmessen.

Abpausen & Konturenlehre: Die Wände in einem Bus sind – Überraschung! – nicht gerade. Die Karosserie ist gewölbt und dadurch ist „gerades" Bauen fast unmöglich. Eine Konturenlehre hilft dir, eine Schablone zu erstellen und so deine Bauten an die Wand anzupassen.

Alternativ kannst du auch einen Stift an einem Stab anbringen, das anzubringende Holz zur Wand halten und dann die Seitenwand des Fahrzeugs entlangfahren. So erhältst du ein Abbild der Wölbungen der Wand. Für kleine Ecken kannst du auf Backpapier eine Vorlage zum Abpausen anfertigen.

Nicht im Weg: Zum Öffnen und Schließen der Schränke und Schubladen empfehlen wir entweder eine Schlaufe, ein Loch oder Push-Lock-Möbelschlösser. Der Platz im Camper ist beschränkt und an abstehenden Griffen könntest du beim Umdrehen oder Vorbeigehen hängen bleiben oder dich daran stoßen.

Fest verschlossen: Damit deine Schränke und Schubladen auch während der Fahrt verschlossen bleiben, bieten sich mehrere Optionen an: Push-Lock-Möbelschlösser, Vorreiber oder Möbel-Kugelschnapper, da man diese gut in alle Richtungen verdeckt einsetzen kann. Außerdem kann mit einem Schlitzschraubenzieher der Widerstand eingestellt werden.

Eines bereits vorweg: Es ist kaum möglich, auf den Millimeter genau zu planen. Entscheide daher, ob du deine Schränke gleich im Bus selbst oder außerhalb baust und die Möbel zum Anpassen dann in den Bus stellst.

Generell ist es zu empfehlen, die Möbel so zu bauen, dass du sie jederzeit auch wieder aus dem Fahrzeug herausnehmen kannst, z. B. um das Fahrzeug auch anderweitig verwenden zu können.

Anleitung: Toplader-Schrank bauen

Für einen kleinen Bus bietet es sich an, den Bereich über den Radkästen als Toplader zu nutzen. Hier verstauen wir z. B. in unserem VW T5 tagsüber das Bettzeug. Außerdem finden sperrige Dinge wie unser Campingtisch hier Platz. Toplader-Stauräume sind ganz einfach und flott gezimmert.

An der gewünschten Höhe des Kastens bringst du ein Kantholz an der Karosserie an. In unserem Fall befindet sich dieses über dem Radkasten auf 70 cm Höhe. Hier ist bei unserem VW T5 ein Holm hinter der Abdeckung. Ideal also, um das Kantholz zu befestigen. Außerdem haben wir im unteren Bereich die alte, dunkle Seitenverkleidung wiederverwendet und wollten diese nun verstecken.
Nimm zum Befestigen selbstschneidende Blechschrauben. Bohre vorsichtig vor und senke das Bohrloch ab, sodass du den **Schraubenkopf versenken** kannst (Bild 1).

Du brauchst

- Pappel-Sperrholz, 10 mm
- Pappel-Sperrholz, 6 mm
- Kantholz
- Schrauben
- Winkel
- Stichsäge + Lochsäge
- Feile
- Akkuschrauber
- Stift
- Maßband
- Pappe

Bringe nun die Latte an der passenden Höhe im Bus an (Bild 2).
Sowohl an der oberen als auch der unteren Kante bringst du nun mit Winkeln **Verstrebungen** an (Bild 3).
Messe die Länge für die Verstrebungen genau aus. Sie werden nämlich nicht alle dieselbe Länge haben, weil sich die Karosserie in der mittleren Höhe des Fahrzeuges meist nach außen wölbt. Daher sind wahrscheinlich die oberen Verstrebungen

(auf 70 cm Höhe) länger als die unteren. Die Verstrebungen an der Oberkante werden auch als Halterungen für die Deckel dienen. Überlege also, in welchen Abständen diese befestigt werden, je nachdem, wie groß die einzelnen Fächer werden sollen. Wir entschieden uns für drei in etwa gleich große Abdeckungen.
Nun kannst du bereits deine **Vorderwand** vorbereiten. Wir verwendeten hierfür 10 mm dickes Pappel-Sperrholz (Bild 4).

Messe mit einem Schreinerwinkel nach, ob sich die Abdeckung im rechten Winkel zum Fahrzeugboden befindet. Kürze gegebenenfalls die Verstrebungen ein wenig. Dann schraube die Vorderwand an die Verstrebungen des Toplader-Schranks. Für die **seitliche Abdeckung** des Kastens kann man sehr gut Pappe zum Anpassen der Form verwenden (Bild 5). Säge die Seitenwand anhand dieser Schablone aus 6 mm dickem Pappel-Sperrholz zu.

Nun geht es an den **Toplader-Deckel**: Messe dazu das Außenmaß deines Topladers und schneide die Abdeckung aus 6 mm dickem Pappel-Sperrholz zu. Das Innenmaß zwischen den Verstrebungen wird aus 10 mm dickem Pappel-Sperrholz geschnitten. Zeichne auf dem größeren Brett ein, wo der Innenteil angebracht werden soll. Messe dazu einfach vom Rand bis zur Innenkante. Leime anschließend die 10 mm-Platte auf die 6 mm-Platte. Fräse abschließend ein Griffloch in den Deckel. So ist die Abdeckung einfach abzunehmen (**Bild 6**).

Anleitung: Hängeschrank bauen

In einem hohen Fahrzeug bietet es sich an, sogenannte Überkopf-Schränke einzuplanen. Diese lassen dich rasch auf alltägliche Dinge zugreifen. Wir entschieden uns bei unserem L2H2, über die gesamte linke Seite Hängeschränke zu befestigen, und verstauten darin unsere Kleidung, aber auch Lebensmittel und Badezimmerutensilien. Für mehr Stauraum blieben sie innen offen. Natürlich kannst du die Rückwände dahinter vorab auch mit deinem gewünschten Material verkleiden.

Für Schränke im Camper sind Aufschraubscharniere zu empfehlen. Für diese sind keine aufwendigen Topfbohrungen nötig und man kann dünneres Holz verwenden. Zunächst musst du eine **Unterkonstruktion** bauen. Dafür benötigst du oben und unten ein Kantholz, auf dem der Hängeschrank montiert werden kann. Bringe das obere Kantholz auf die Querverstrebungen des Daches an. Das untere Kantholz verschraubst du mit **Metallwinkeln** und Blechschrauben (**Bilder 1 und 2**). Passe die Winkel mit einem Hammer an die Schräge der Seitenholme an.

Du brauchst

- » Aufschraubscharniere (2 Stück pro Hängeschrank-Abteil)
- » Winkel- und Flachverbinder
- » Möbelschnapper (1 Stück pro Hängeschrank-Abteil)
- » Kantholz
- » Sperrholz, z. B. Kiefer, 4 mm
- » Pappel-Sperrholz, 4 mm
- » Pappel-Sperrholz, 10 mm
- » Einkomponenten-Klebstoff
- » Schrauben
- » Akkuschrauber
- » Kartuschenpistole
- » Stichsäge/Kappsäge
- » Maßband + Stift
- » Hammer
- » evtl. Beize, Klarlack, Holzlack
- » evtl. Pinsel, Rolle, Farbspritzpistole

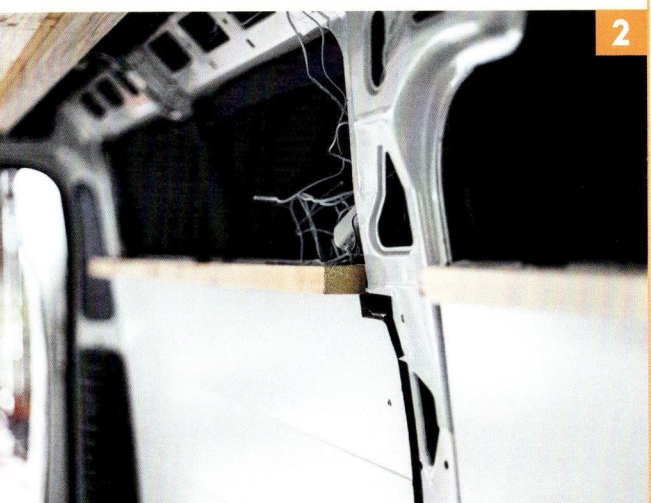

Alternativ kannst du auch einen Abstandshalter unter dem Metallwinkel anbringen (s. S. 112, VW-Seitenschrank).

Der Hängeschrank in unserem L2H2 Citroën Jumper ist 280 cm lang, 39 cm hoch und 30 cm tief. Wir haben ihn in vier gleich große Fächer unterteilt. Außerdem entschieden wir uns für ein kleines offenes Bücherregal in der Mitte. Die **Unterkonstruktion** besteht aus einem langen Kantholz und sechs Verstrebungen nach oben und in die Tiefe (Bild 3).

Für die **seitliche Verbindung** kannst du Lochrasterplatten-Flachverbinder verwenden (Bilder 4 und 5).

Für den **Boden** des Hängeschranks eignet sich 4 mm dickes Kiefer-Sperrholz, alternativ Pappel-Sperrholz.

Messe für die **Klapptüren** die Vorderseite des Schranks aus und säge die passende Größe z. B. aus 10 mm dickem Pappel-Sperrholz. Befestige sie anschließend mit Aufschraubscharnieren so, dass sich die Klappe nach oben hin öffnen lässt.

Für die Unterteilungen sowie die Endabdeckungen genügt dünnes, 4 mm dickes Pappel-Sperrholz.

Durch die Scharniere hält der Deckel bereits gut an der unteren Latte. Damit die Klappe sich aber auch beim Fahren einer Kurve nicht öffnet, brauchst du einen **Schließmechanismus**. Möbelschnapper oder Vorreiber sind hier sehr gut geeignet.

Anleitung: VW-Seitenschrank bauen

Der Bau eines sich über die gesamte Höhe des Fahrzeuginnenraums erstreckenden Schranks ist eine kleine Herausforderung. Die Außenwand der Karosserie ist gebogen und es gibt nur wenige Punkte, an denen die Konstruktion befestigt werden kann: ganz unten, relativ mittig und ganz oben.

Ähnlich wie bei den Hängeschränken bieten sich **Stahlwinkel zur Befestigung** an. Da diese im rechten Winkel geformt sind, brauchst du Abstandshalter, um den Stahlwinkel an der Außenkante horizontal in einen rechten Winkel zum Boden zu bringen (**Bilder 1 und 2**).
Ganz wichtig ist hier **genaues Ausmessen**, damit später alles passt. Eine Wasserwaage und ein Schreinerwinkel sind dafür unverzichtbar. Die Abstandshalter von der Schrankvorderwand zur Karosserie können nämlich, ähnlich wie beim Toplader, unterschiedlich lang sein. Stelle regelmäßig durch das Ansetzen des Schreinerwinkels am Boden und dem Auflegen der Wasserwaage auf einer Querverstrebung sicher, dass alles gerade ist (**Bilder 3 und 4**).
Überlege bei der Planung, in welche Richtung die einzelnen **Schranktüren** zu öffnen sein sollen. Das entscheidet auch über den zu verwendenden Öffnungsmechanismus.

Du brauchst

- Sperrholz, 10 mm
- Sperrholz, 6 mm
- Aufschraubscharniere
- Kugelschnapper
- Winkelverbinder
- Kantholz
- Kofferverschlüsse
- Klapphalter
- Akkuschrauber
- Lochsäge
- Schrauben
- Schreinerwinkel
- Maßband + Stift
- Backpapier

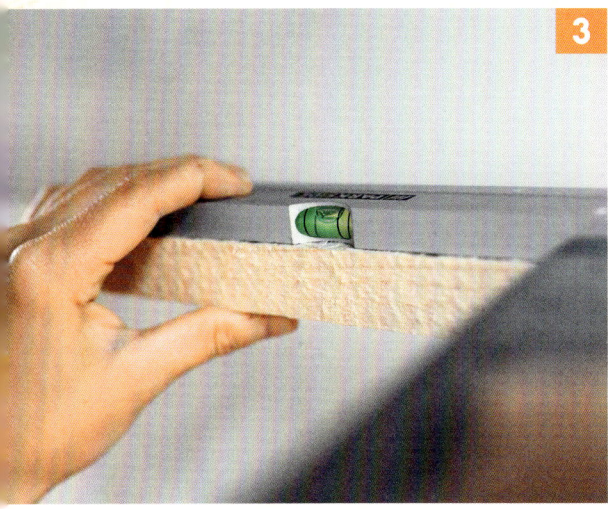
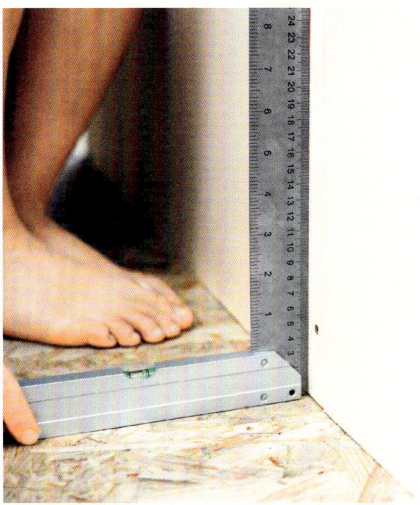

Tipp: Im Seitenschrank kannst du einen **herunterklappbaren Tisch** einbauen. Passe die restlichen Elemente daran an, weil der Tisch viel Platz braucht. Überlege dafür gut, wie groß der Tisch sein soll und wie hoch, wenn er heruntergeklappt ist. Plane anhand dieser Maße die die horizontalen Trägerkanthölzer.

Die **Zwischenwände** lassen sich gut mit Backpapier abpausen, ausschneiden und dann auf das Holz abzeichnen (**Bilder 5 und 6**).

Wir gingen beim Bau unseres Seitenschranks im T5 von unten nach oben voran. Dabei setzten wir die Zwischenböden bereits beim Bau ein. Die Trennwände und Seitenabdeckungen wurden zu guter Letzt im Bus direkt angepasst und dann angeschraubt.

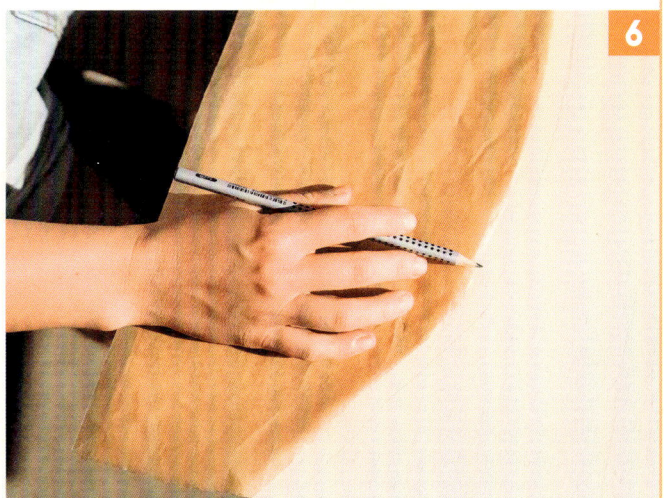

Die zweite Ebene besitzt an beiden **Seitenschränken** keinen festen Zwischenboden, sondern herausnehmbare Elemente, sodass man nach unten hin durchladen kann. Die mittleren Bereiche werden seitlich geöffnet und sind lediglich durch eine 4 mm dicke Platte getrennt (Bild 7). Diese wurden ebenfalls jeweils mit einem Toplader-Boden versehen, sodass wir diesen herausnehmen und weitere Dinge neben bzw. auf den Radkästen verstauen können. Auf die zweite Ebene setzten wir einen durchgängigen **Zwischenboden** mit einer Stärke von 10 mm, der das Konstrukt gut zusammenhält (Bild 8).

In der obersten Ebene befinden sich links und rechts **Schrankelemente mit Türen** die sich jeweils zur Mitte öffnen lassen. Mittig der **Tisch zum Herunterklappen** (Bild 9).

Befestige den Klapptisch mit Schrankscharnieren an der Unterkante und mit Deckelstützen/Klappscharnieren an den Seiten (Bild 10).

Bringe an der Oberseite des Schranks zwei Kofferverschlüsse an, um den Tisch geschlossen zu halten und zu verhindern, dass er während der Fahrt herunterklappt (Bild 11).

> **Tipp:** Natürlich ist es auch möglich, den Wandschrank mit 12 mm starkem **Pappel-Sperrholz** zu bauen. Orientiere dich dafür an unserer Anleitung zum Schubladenbauen (s. ab S. 116) oder für die Küchenzeile im T5.

Anleitung: Schublade bauen

Genaues Arbeiten ist bei Schubladen das A&O

Du brauchst
- Sperrholz, 12 mm
- Schubladen-Vollauszug
- Schrauben
- Taschenloch-Bohrvorrichtung
- Akkuschrauber
- Handkreissäge mit Führungsschiene
- Winkelhalter
- Maßband + Bleistift

Schublade ist nicht gleich Schublade. Je nachdem, was du in der Schublade verstauen möchtest, benötigst du eventuell einen Schwerlastauszug. Überlege außerdem vor dem Kauf deiner Auszüge, wie tief die Lade werden soll. Gute Auszüge rasten zudem ein, was zur Ladungssicherung beiträgt. Und sanft schließende Auszüge sind ein absoluter Game-Changer! Wichtig ist bei Schubladen, dass das Holz sehr genau gesägt wird. Es muss alles im rechten Winkel und gerade aufeinander angebracht werden. Andernfalls stockt die Lade beim Öffnen und Schließen oder funktioniert eventuell gar nicht.
Eine Möglichkeit ist es, sich das Holz bereits im Baumarkt zurechtschneiden zu lassen. Eine weitere sind sogenannte Winkelhalter. Zu guter Letzt kannst du einfach nur sehr genau arbeiten. Wir haben es auch so geschafft. Also kannst du es auch! Rechne zuerst aus, wie groß die einzelnen Holzstücke sein sollen. Wir haben uns entschieden, die Rückseite der Schublade zwischen die Seitenwände einzusetzen. Natürlich benötigt deine Schublade auch einen Boden (**Bild 1**). Du solltest auf jeden Fall mit mindestens 12 mm dickem Holz arbeiten, da du damit einen sogenannten **Taschenbohrer** verwenden kannst. Damit lassen sich Taschenlöcher bohren und so die Schublade fast unsichtbar und ganz ohne Winkel verschrauben.
Sobald du alle Teile deiner Schublade parat hast, bohre also deine versteckten Verbindungen mit der Taschenbohr-Auflage vor (**Bild 2**).

1

Achte darauf, nicht dort zu bohren, wo später die **Auszüge** angebracht werden (Bild 3). Zeichne dir die Bohrlöcher der Auszugschienen deshalb am besten an. Schraube dann – am besten mithilfe einer zweiten Person oder einem Winkelhalter – die einzelnen Teile der Lade **passgenau** zusammen (Bild 4).

Jetzt werden die Auszüge angebracht und getestet, ob die Schublade eben ist und gut läuft. Bringe den inneren Teil des Auszugs im unteren Bereich der Schublade an, da so mehr Gewicht getragen werden kann und sie sich nicht so leicht von selbst öffnet (Bild 5).

Messe dann, wie hoch du den äußeren Teil an der Seitenwand deines Schranks anbringen musst. Dazu ist ein Abstandshalter, z. B. ein Stück Restholz in der richtigen Stärke, unter der Schiene sehr hilfreich, damit du diese auch mit Sicherheit auf gerader Ebene bohrst (Bild 6).

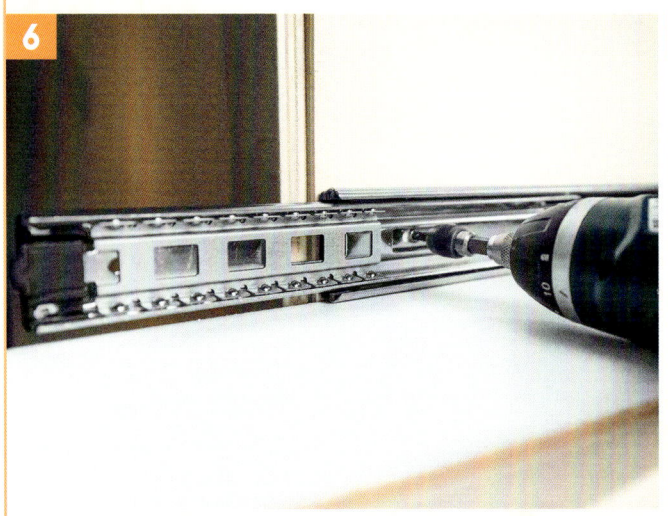

Nun schlägt die Stunde der Wahrheit: Führe deine Schublade mit der Innenschiene in die Außenschiene ein, lass sie einrasten und überprüfe dann, ob sie sich gut öffnen und schließen lässt. Sollte es noch etwas hängen, musst du eventuell die Höhe der Schiene leicht ändern (Bild 7).

Zum Öffnen und Schließen benötigst du nun noch einen Griff. Hier sind deiner Fantasie keine Grenzen gesetzt. Ein Tipp: Gefräste Löcher sparen Platz und du bleibst nicht daran hängen. Stoff- oder Lederschlaufen sind ebenfalls platzsparend und können sehr dekorativ sein.

Bett

Für den Einbau eines Bettes im Camper gibt es im Wesentlichen zwei Möglichkeiten: ein ausziehbares Längsschläfer-Bett und ein Querschläfer-Bett. Für schmalere Kastenwagen und Fahrzeuge bietet es sich an, das Bett der Länge nach im Bus zu verbauen, um eine gewisse Mindestlänge des Bettes erreichen zu können. Ob du den Abschluss des Bettes an der hinteren Kante des Fahrzeuges oder hinter der Beifahrer- oder Fahrerseite planst, bleibt natürlich ganz dir selbst überlassen. In einem breiteren Fahrzeug, wie z. B. Citroën Jumper, Fiat Ducato oder Peugeot Boxer, kann man das Bett quer verbauen. Ohne seitliche Erweiterung kommst du leicht auf eine Länge von 185 cm. Sollte das nicht ausreichen, könntest du über eine Heckverbreiterung, sogenannte „Ohren", nachdenken.

Aufgrund des eingeschränkten Platzes sollte man sich im Vorfeld über die Maße des Bettes Gedanken machen, um soweit als möglich Raumnutzung und Komfort in Einklang zu bringen.

Bei unserem Längsschläfer-Bett im VW T5 haben wir z. B. über dem in Fahrtrichtung links befindlichen Radkasten Toplader-Schränke (siehe S. 106) und über dem rechten Radkasten einen bis zur Decke reichenden Schrank eingebaut. So bleibt eine **Breite** von etwa 120 cm für unser Bett. In der Länge entschieden wir uns für 184 cm.

Für die **Höhe** deines Bettes ist es wichtig, dass du zwar einerseits den Bereich unter dem Bett als Stauraum nutzen, aber andererseits auch aufrecht im Bett sitzen kannst. Damit du dir also später nicht den Kopf stößt, setze dich zur Probe im Bus auf unterschiedliche Höhen, um die für dich passende herauszufinden. Vergiss nicht, den Boden sowie die Höhe von Lattenrost und Matratze miteinzurechnen. Unser ausziehbares Längsschläfer-Bett ist z. B. nur 40 cm hoch, unser Querschläfer-Bett dagegen ca. 80 cm hoch mit viel Stauraum darunter.

Anleitung: Längsschläfer-Bett bauen

Grundgerüst

Zunächst braucht dein Bett ein stabiles Grundgerüst. Um möglichst viel Breite im Stauraum unter dem fest verbauten Teil des Bettes zu behalten, befestige eine 12 mm dicke Siebdruckplatte entlang der gesamten Länge der Toplader-Schränke. Ohne Toplader-Schränke kann das Grundgerüst auch an der Karosserie des Fahrzeugs angebracht werden. Wir haben an der Oberkante zusätzlich ein Kantholz für Schienen für einen ausziehbaren Tisch angebracht. Für das restliche Gerüst verwendeten wir Kantholz (**Bild 1**).
Überlege nun, wie viele Teile des Bettes du individuell ausziehen möchtest. Unser Bett ist in drei Teile/Module unterteilt.

Du brauchst

- » 2× Lattenrost
- » Pappel-Sperrholz, 10 mm
- » Pappel-Sperrholz, 6 mm
- » Siebdruckplatte, 12 mm
- » 2× Latten, Fichte/Tanne, 300 × 4 × 1,8 cm
- » 3× Latten, Fichte/Tanne, sägerau, 300 × 4,8 × 2,4 cm
- » Kugelschnapper
- » 2× Metallleiste, 60 × 20 × 2 mm
- » 1× Metallleiste, 47 × 20 × 2 mm
- » Gurtband, 1 m
- » Matratze
- » Akkuschrauber + Holzschrauben
- » Maßband + Stift
- » Schreinerwinkel
- » Säge

So können wir z. B. den ersten und den dritten Teil herausziehen und so um den von der anderen Seite heruntergeklappten Tisch sitzen. Jedes einzelne Auszieh-Modul braucht ein eigenes Grundgerüst. Dieses wird aus Kanthölzern gebaut. Unsere Module sind alle etwa gleich groß.

Lattenrost

Es ist am einfachsten, fertige Lattenroste zu verwenden und lediglich an den Seiten zu kürzen. In unserem Fall ist der linke, feste Teil unseres Bettes breiter als der ausziehbare. Warum? Weil wir auf der in Fahrtrichtung linken Seite, unter unserem Bett, Surfboards verstauen. Dementsprechend mussten wir die Lattenrostteile unterschiedlich kürzen. Je nachdem, was du unter dem Bett verstauen

möchtest, bleibt es dir natürlich selbst überlassen, ob du die beiden Betthälften gleich breit gestaltest.

Wenn die Grundgerüste für die Auszieh-Module fertig sind, schraube die Lattenroste mit Holzschrauben daran fest.

Lege am besten alle Latten zuerst auf den festen Teil des Bettes und befestige nur jede zweite Latte. So weißt du genau, wo die Latten an den ausziehbaren Teilen angebracht werden müssen, damit sie sich später ineinanderschieben lassen (Bild 2). Bringe nun auf dem Lattenrost des ausziehbaren Teils deines Bettes eine Metallschiene oder ein ähnliches, dünnes Verbindungsstück an. So kann der Lattenrost bei geschlossenem Bett nicht nach unten wegfallen. Verwende für die Seitenabdeckungen der Auszieh-Module 6 mm dickes Pappel-Sperrholz. Zum einfachen Herausziehen des Bettes befestigten wir zudem noch Stoffschlaufen (Bild 3).

Zum Schluss braucht das Bett noch eine **Ausziehsicherung**, damit es auch geschlossen bleibt, wenn du fährst. Dafür kannst du z. B. Kugelschnapper anbringen. Mit einem Schlitzschraubenzieher lässt sich der Widerstand justieren (Bild 4). Da das Bett in eine Couch verwandelt werden kann, sollte man die **Matratze** des Ausziehteils so zuschneiden, dass die Teile als Sofalehne fungieren können. Hier sind es sechs kleine Teile, zwei lange Polster pro mobiler Unterteilung.

Die kleinen Matratzenteile werden hinter- und nebeneinander platziert und bilden eine angenehme Rückenlehne (Bild 5). Du kannst dir deine Schaumstoffteile auf Maß zuschneiden lassen oder mit einem Brotmesser vorsichtig selbst in die gewünschten Teile schneiden.

Bezüge für den Schaumstoff kannst du online bestellen, bei der Schneiderei deines Vertrauens in Auftrag geben oder selbst nähen. Wir haben selbst genäht. Eine kurze Anleitung dazu gibt es ab S. 127.

Anleitung: Querschläfer-Bett bauen

Du brauchst
- » 2 × Stahlwinkel, 140 cm
- » Lattenrost, 200 × 140 cm
- » Matratze
- » Winkelverbinder
- » Flügelmuttern
- » Schrauben
- » Kantholz für Rahmenkonstruktion
- » Akkuschrauber
- » Maßband + Stift
- » Schreinerwinkel
- » Säge

Zunächst braucht auch das Querschläfer-Bett ein **Grundgerüst**. Die Querstreben des Kastenwagens bieten sich an, um daran die Bettkonstruktion anzubringen. Schraube dafür zwei Stahlwinkel über die gesamte Breite des Bettes – in unserem Fall 140 cm – an. Darauf „schwebt" dann das Bett und der Platz unter dem Bett – bei uns ca. 80 cm – kann für sperrige Dinge genutzt werden (Bilder 1 und 2). Auf der Vorderseite kann zusätzlich ein Grundgerüst aus Kanthölzern gebaut werden. Der Lattenrost liegt dann mit einer Längsseite auch auf einer Unterkonstruktion auf.

Kürze nun einen standardmäßig 2 m langen **Lattenrost** einfach um ein paar Latten. Dazu musst du lediglich die Endstücke entfernen und im Anschluss alles wieder wie zuvor zusammensetzen. Befestige abschließend den Lattenrost von oben mit Schrauben und von unten mit den Flügelmuttern auf den Stahlwinkeln (Bilder 3 und 4). Der Vorteil der Flügelmuttern ist, dass das Bett schnell und ohne Werkzeug ausbaubar ist.

Wir entschieden uns, einen Teil des Stauraums unter dem Bett vom Wohnbereich aus zugänglich zu machen. Am Boden wurde der Safe platziert, darüber befinden sich zwei geräumige Schubladen sowie ein ausziehbarer Tisch.

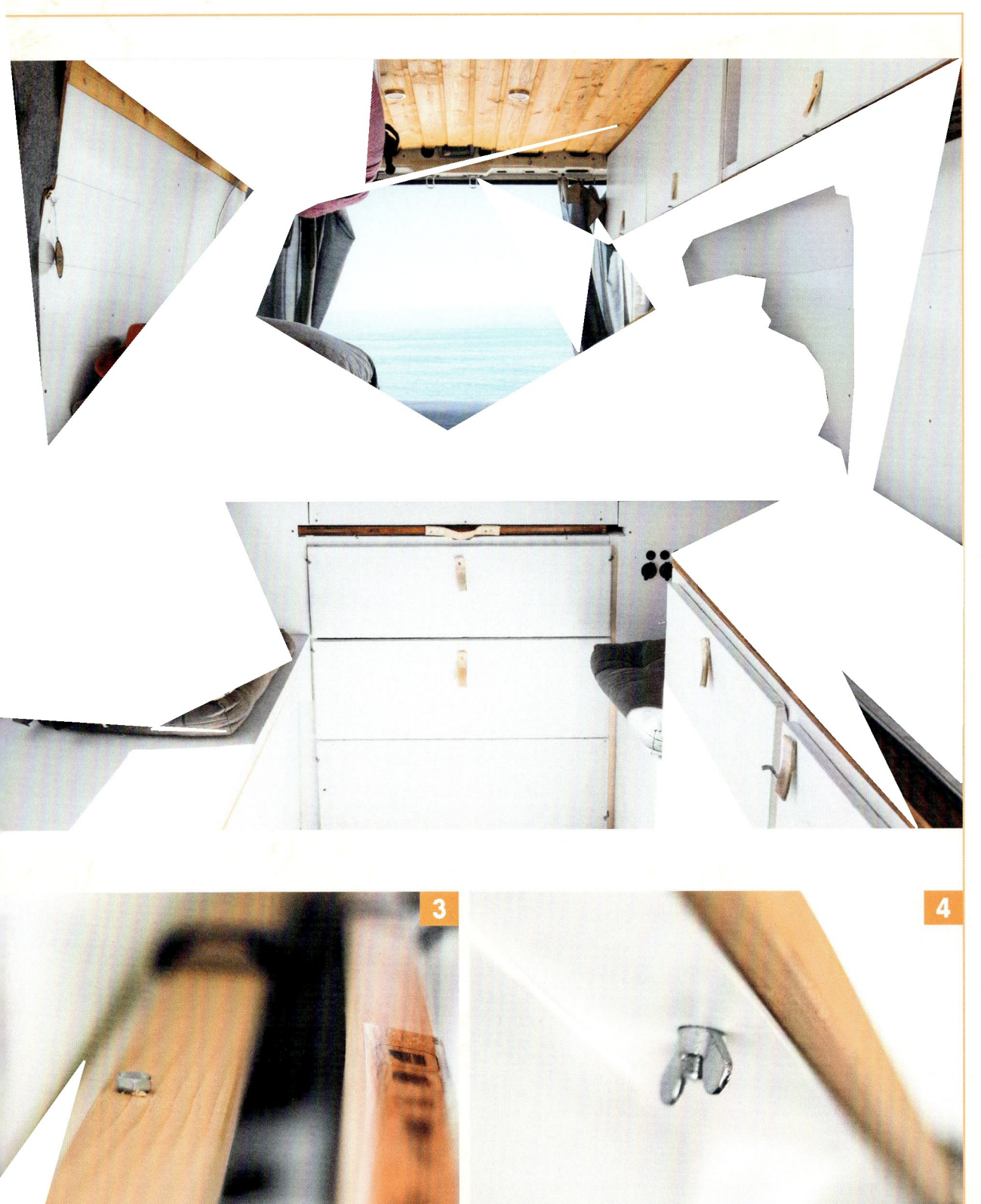

Passende Matratzenbezüge

Matratzen- und Stoffwahl

Damit du in deinem neu gebauten Bett gut schläfst, brauchst du die richtige **Matratze**. Überlege sorgfältig, welcher Zuschnitt passt. Zudem gibt es unterschiedliche Arten von Schaumstoff, und je nach Körpergewicht empfiehlt sich eine andere Stärke. Schaumstoff lässt sich mit einem Brotmesser ganz einfach selbst auf die gewünschte Größe zurechtschneiden. Hast du dich für deine Matratze und deren Zuschnitt entschieden, ist der **Stoff für den Bezug** an der Reihe. Hier solltest du speziellen Möbelstoff verwenden, denn dieser ist robust, langlebig und strapazierfähig. Außerdem hat Möbelstoff meist ein Inlay verarbeitet, welches fest am Schaumstoff haftet und diesen durch seine Festigkeit schützt. Zusätzlich kannst du auch einen Matratzenüberzug – eine Wattierung oder Trikotierung – unter dem Bezug anbringen.

Als **Verschluss** bieten sich sowohl Klettverschlüsse als auch Reißverschlüsse an. Von Knöpfen raten wir ab, weil durch das punktuelle Verschließen nur an diesen Stellen Zug entsteht. Der Stoff könnte sich verziehen und der Überzug nicht straff sitzen.

Für ein Bett, das tagsüber nicht zur Couch umfunktioniert wird, genügen durchaus ein Matratzenschoner und ein Bettlaken.

Anleitung: Matratzenbezüge nähen

Du brauchst
- » Möbelstoff nach Wahl
- » Schaumstoff-Matratzenteile
- » passendes Garn
- » evtl. Reißverschlüsse
- » Maßband + Stift
- » Stoffschere
- » Nähmaschine

Anhand unseres Bettes im VW T5 erklären wir dir nun, wie du den Überzug deiner Matratzen mit etwas Geschick selbst nähen kannst.

Berechne zuerst, wie viele Meter Stoff du benötigst. Messe dazu deine Matratzen auf und zeichne ein **Schnittmuster**. Meterstoff wird zumeist in einer Breite von 140 cm bis 160 cm geliefert. Beachte das beim Kauf und bei der Berechnung einer Bestellung. Solltest du dir nicht sicher sein, berät man dich sicher gerne im Geschäft.

Dein Schnittmuster muss die gesamte Länge des Polsters, plus jeweils eine Seitenabdeckung umfassen. Rechne an jedem Ende noch etwa 2 cm Nahtzugabe dazu. An den Bereichen, an denen der Reißverschluss angebracht wird, brauchst du diese Zugabe nicht (**Bild 1**).

Übertrage dein Schnittmuster auf die Rückseite des Stoffes. So sieht es später niemand, solltest du einen falschen Strich zeichnen. Lege Schnittmuster immer entlang derselben Kante an. Auf diese Weise erhältst du später einen gleichmäßigen Look der Polster.

Der wohl aufwendigste Teil deiner Näharbeit ist das **Messen, Messen und nochmal Nachmessen** (**Bild 2**). Lege dann den Stoff noch einmal Kante auf Kante, um zu sehen, dass dein Abschnitt auch gerade verläuft (**Bild 3**).

Schneide nun den Stoff mit einer scharfen Stoffschere zu. Mit Stecknadeln oder Klammern verhinderst du, dass der Stoff verrutscht und du schief schneidest (**Bild 4**).

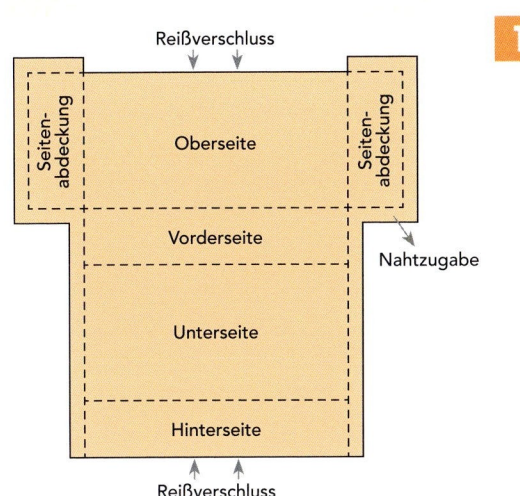

Dein **Stoffausschnitt** sollte nun wie dein Schnittmuster aussehen (Bild 5).
Die **Nahtzugabe** kannst du ganz einfach anzeichnen, indem du den Schaumstoff auf den Stoff legst. An der Abschlusskante, wo später der Reißverschluss angebracht wird, brauchst du keine Nahtzugabe (Bild 6). Genäht wird „auf links", lege also die zusammenzunähenden Stoffteile mit den Außenseiten aufeinander, sodass du die Anzeichnungen sehen kannst.

Beginne, indem du den offenen Reißverschluss an beide Enden des auf links gedrehten Polsterbezuges nähst. Wende den Stoff für die Kanten wieder „auf rechts" und fixiere sie mit Klammern oder Stecknadeln. So stellst du sicher, dass alles an der rechten Stelle bleibt (Bild 7).
Nähe nun mit einem einfachen Stich entlang der zuvor eingezeichneten Linien. Die Nahtzugabe fasst du dann mit einer Zickzacknaht ein (Bild 8).

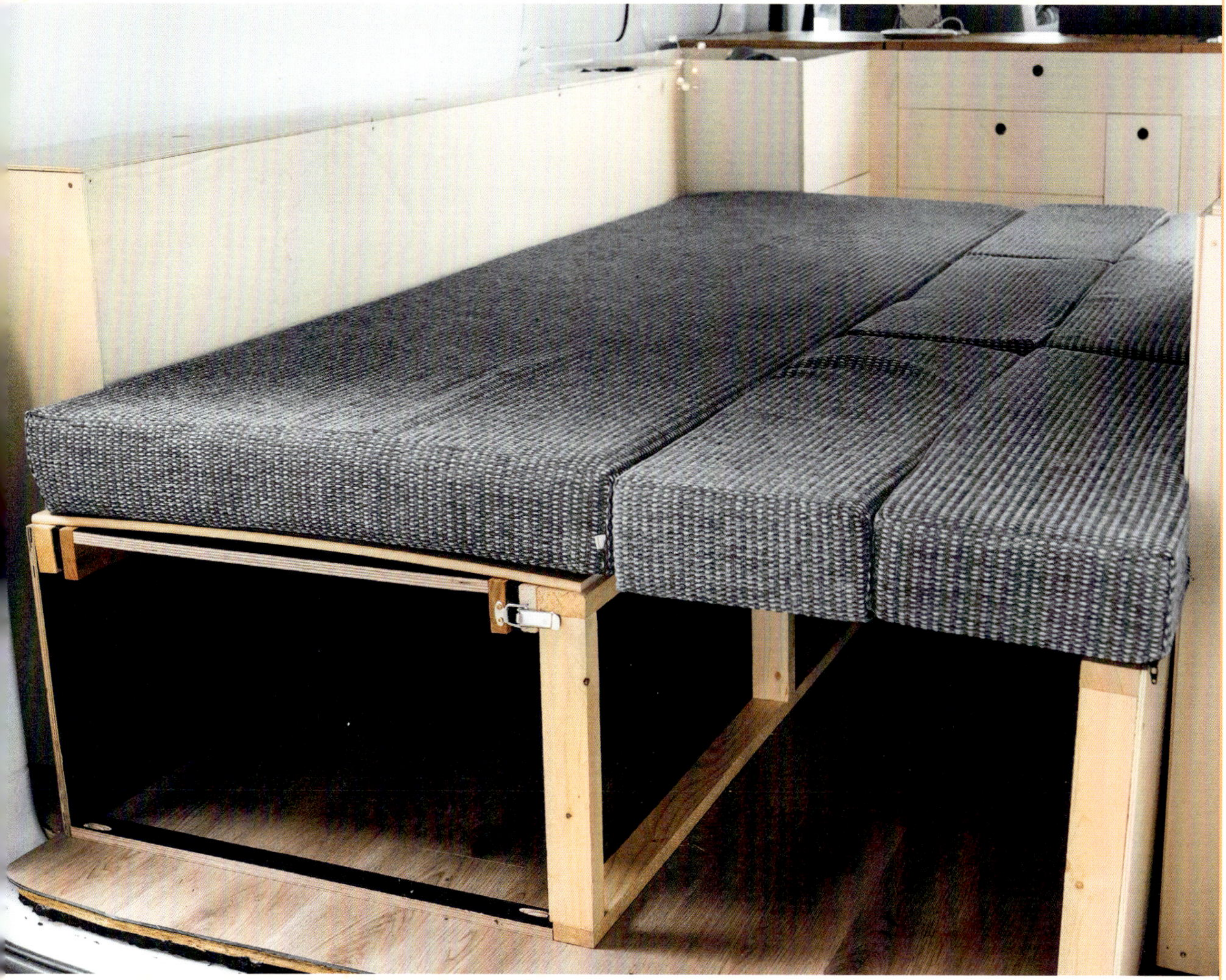

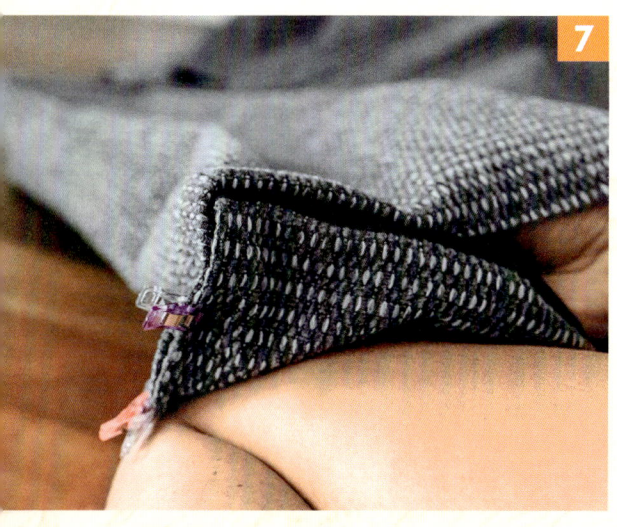

Tisch

Außer dem Bett und einer Kochmöglichkeit brauchst du auch einen Tisch in deinem Camper. Welche Größe er haben soll, richtet sich danach, wie viele Personen im Camper reisen werden. Meist wird ein stabilerer Tisch im Bus eingebaut und man benutzt einen zusätzlichen Campingtisch für draußen.

Die Beine deines Tisches können klappbar, schwenkbar oder höhenverstellbar sein. Am wichtigsten ist aber, wie der Tisch sich am besten in deinen Grundriss integrieren lässt und dir am nützlichsten Fläche zum Arbeiten und Essen bietet.

Dient der Tisch als Erweiterung deiner Liegefläche, so muss er auf jeden Fall höhenverstellbar und sehr stabil sein. Eine weitere Möglichkeit ist es, den Tisch von unten nach oben oder von oben nach unten klappbar zu machen (s. VW-Seitenschrank, S. 114/115). Ebenfalls denkbar ist ein ausziehbarer Tisch, der unter dem Bett verschwindet, wenn er nicht gebraucht wird.

Das Material für die Tischplatte sollte ähnlich wie für die Arbeitsplatte sorgfältig ausgewählt werden. So sollte es einerseits stabil sein und über eine pflegeleichte, kratzfeste Oberfläche verfügen, andererseits jedoch nicht zu schwer sein.

Auszieh-Tisch

In unserem L2H2-Kastenwagen haben wir den Tisch unter dem Bett angebracht. Dabei läuft der Tisch ganz simpel auf Holz, ohne Schienen. Details zum Konstrukt siehst du auf S. 124, Bild 1.

Zur Verwendung muss man ihn nur herausziehen. So kann man ihn ganz verschwinden lassen, was viel Platz bringt, oder je nach Bedarf auch nur ein Stück herausziehen. Wie man auf Bild rechts oben sieht, liegt der Tisch auf dem Vorreiber der ersten Schublade der Küche auf. Verwendest du ein anderes Verschluss-System, kannst du zur Halterung z. B. ein Stück Holz in der richtigen Höhe befestigen.

Als Tischplatte verwendeten wir eine Dreischichtplatte Fichte und beizten diese in unserem gewünschten Holzton. Wir wählten eine Dicke von 19 mm. Der Tisch, mit dem Gesamtmaß von 85 × 75 cm, ist auf drei Stufen ausziehbar.
- Stufe 1: 21 × 75 cm (reicht für 2 Personen, Snack)
- Stufe 2: 56 × 75 cm (für 2 Personen, essen/arbeiten)
- Stufe 3: 72 × 75 cm (mit vorn mittig angeschraubtem Tischbein; mit zusätzlicher Sitzgelegenheit für 4 Personen)

Wenn du am hinteren Ende des Tisches ein Kantholz anschraubst, kann der Tisch nicht nach hinten, in die Garage, also unter das Bett, herausfallen.

Das Tischbein verstauten wir ganz einfach neben dem Safe. Plane hierfür einen Platz zum Verstauen in deinem Camper ein. Ehrlicherweise verwendeten wir das Tischbein, wenn wir lediglich zu zweit am Tisch saßen, kaum. Uns reichte Stufe 2 vollkommen aus, wie du auch auf dem Bild links, beim Arbeiten, siehst.

Anleitung: Heck-Ausziehtisch bauen

Sehr praktisch ist es, wenn man zusätzlich zum Tisch im Innenbereich einen Tisch unter dem Bett einbaut, den man bei geöffneter Heckklappe nach hinten herausziehen kann. So kann man z. B. im Freien kochen.

Als Tischplatte eignet sich eine **Siebdruckplatte**. Bringe daran seitlich mit Taschen-Verschraubung 5 cm breite, bereits eingeölte Holzleisten an. Vielleicht hast du noch Restholz von der Bettkonstruktion oder wie wir von der Küchenplatte, das du hierfür verwenden kannst. Schraube daran die Innenteile der **Auszüge** an. Die Außenteile der Auszüge werden innen am Grundgerüst des Bettes angebracht. Setze die Auszüge ineinander und schiebe die Platte unter das Bett.

Auf 75 cm **Schwerlast-Auszugsschienen** hält der 80 cm lange und rund 50 cm breite Tisch viel Gewicht aus. Ideal zum Kochen, Beisammenstehen oder sogar fürs Frühstück im Bett.

Du brauchst
- » Schwerlast-Auszugsschiene
- » Holz nach Wahl + Siebdruckplatte
- » Schrauben
- » Akkuschrauber
- » Taschenlochbohrer
- » Maßband + Stift

Streichen & Isolieren

Wenn alle Möbel fertig gebaut sind, geht es nun an die abschließenden Feinheiten: die noch offenen Oberflächen versiegeln und die Fenster mit Vorhängen oder speziellen Folien isolieren.

Oberflächen streichen

Stehen alle Möbel und du bist mit deinem Ausbau zufrieden, muss das Holz abschließend noch versiegelt werden. Das ist nicht nur für die Optik, sondern allem voran für den Schutz der Oberflächen wichtig. Aufgrund der Luftfeuchtigkeit auf kleinstem Raum und der Gefahr von Kratzern und Schmutz raten wir auf jeden Fall zu solch einem Finish.

Öl

Durch das Auftragen von Holzöl saugen sich die Poren des Holzes mit Öl voll. So können sie für eine bestimmte Zeit keine Feuchtigkeit mehr aufnehmen. Der große Vorteil der Verwendung von Öl ist, dass das Holz aber immer noch atmen kann. Außerdem bleibt so die Holzoptik erhalten. Das Öl diffundiert jedoch mit der Zeit. Daher muss von Zeit zu Zeit nachgeölt werden. Wie oft, kommt auf das Holz und die Verwendung an.

Öl ist im Vergleich zu Lack pflegeintensiver und nutzt sich im Alltag schneller ab. Kleine Schrammen können aber leichter ausgebessert werden: Du kannst die betreffende Stelle einfach abschleifen und nachölen.

Das Öl erhält die Holzoptik und intensiviert die Farbe des Holzes.

Wachs

Beim Wachsen werden, im Gegensatz zum Ölen, die Poren des Holzes verschlossen. Wir raten hier unbedingt zu einem natürlichen Produkt. Es gibt auch Wachs mit Farbpigmenten, um das Holz wie gewünscht einzufärben.

Lasur und Lack

Bei stark beanspruchtem und/oder weichem Holz ist diese Art der Holzbearbeitung zu empfehlen. Während Lasuren nicht deckend sind, also die Struktur des Holzes sichtbar bleibt, bildet Lack eine die Holzstruktur überdeckende Schicht. **Lasuren** dringen zwar in das Holz ein, lassen es aber weiterhin atmen. Trotzdem schützen sie vor Feuchtigkeit und Schmutz. Es ist allerdings ratsam, Lasuren im Camper mit **Klarlack** abzuschließen. Dazu muss die Lasur vollkommen getrocknet sein. Überprüfe auf einem Probestück vorab, ob die Lasur sich mit dem Klarlack verträgt.

Lack versiegelt die Oberfläche des Holzes und bietet damit den stärksten Schutz gegen Verschmutzungen und Feuchtigkeit. Verwende unbedingt und ausschließlich Holzlack. Schleife mit einem feinkörnigen Schleifpapier in Faserrichtung vor. Sollte im Lack noch keine Grundierung enthalten sein, so ist eine Holzgrundierung als erster Schritt wichtig. In manchen Lacken ist die Grundierung jedoch bereits enthalten.

Darauf folgt der erste Lackanstrich. Nach dem ersten Lackanstrich wird mit einem feinen Schleifpapier nachgeschliffen, ebenfalls in Faserrichtung. Das Holz sollte sich dann glatt anfühlen und ist bereit für den nächsten Anstrich.

Der Lack wird mit einem weichen Flachpinsel oder einer Rolle in Faserrichtung aufgetragen. Ob glänzend, seidenmatt oder matt sowie welche Farbe, das bleibt dir überlassen. Es ist aber wichtig, dass du den ersten Lackanstrich gut trocknen lässt, bevor du den zweiten aufträgst!

Gleichmäßiger Auftrag mit einer Lackrolle

Beizen

Beize empfiehlt sich besonders, wenn du das Holz in einer bestimmten Holzfarbe einfärben möchtest. Von hell bis dunkel gibt es hier jeden Holzton. Unterschiedliche Holzarten und -strukturen werden die Beize zudem unterschiedlich aufnehmen. Nach dem Beizen muss Klarlack für ein Finish gestrichen werden.

> **Tipp:** Probiere an einem kleinen Stück Holz vorab aus, ob dir dein Öl, Wachs, Lack etc. auch gefällt.

Klarlack

Klarlack bietet sich als Alternative zu Farblack an, wenn die Holzoptik durchscheinen soll. Außerdem kann Klarlack dazu verwendet werden, den Glanz des Lackes zu mindern oder mattem Lack mehr Glanz zu verleihen.

Vor der ersten Schicht Klarlack solltest du das Holz mit feinem Schleifpapier (etwa Körnung 200) schleifen. Das geht entweder per Hand oder mit einem Hochdruck-Schleifer.

Nach dem ersten Klarlack-Anstrich stellen sich die Fasern des Holzes auf und es wird wieder rauer. Daher ist es wichtig, das Holz noch einmal mit feinem Schleifpapier abzuschleifen. Erst jetzt ist es für einen weiteren Anstrich bereit.

Wichtig:

- Streiche das Holz an allen Seiten: oben, unten und an den Seiten. Andernfalls kann sich das Holz auf einer Seite verziehen.
- Das Holz muss vor der Bearbeitung trocken sein.
- Gib dem Holz nach dem Anstrich genügend Zeit zum Trocknen.
- Beachte generell die Angaben der Hersteller und streiche ausschließlich in gut belüfteten Räumlichkeiten.

> Zum **Reinigen der Pinsel** lass diese zuerst ein paar Minuten in Pinselreiniger stehen und löse dann das Öl oder die Farbe durch das Reinigen mit Wasser. Wiederhole den Vorgang so oft wie nötig.

Beize, aufgetragen mit einer Luftspritzpistole

Erst Pinselreiniger (links), dann Wasser (rechts)

Vorhänge

Für die Vorhänge und Verdunkelungen im Camper gibt es unterschiedliche Möglichkeiten. Wieder kommt es hier auf dein Geschick, deine Zeit und deine Vorlieben an.

Stoff

Ob du dir einen Vorhangstoff kaufst und diesen kürzt, oder aber einen bestimmten Stoff auswählst und diesen in einen Vorhang für deinen Bus verwandelst, das bleibt ganz dir selbst überlassen. Je nachdem, ob du zusätzlich noch Isolierungsmatten anbringen möchtest, stellt sich die Frage, ob du einen blickdichten, eventuell temperaturundurchlässigen oder lediglich einen leichten, lichtdurchlässigen Stoff verwenden möchtest.

Wir raten generell dazu, helle Materialien im Bus zu verwenden, da dunkle Farben den bereits kleinen Raum noch winziger erscheinen lassen.

Wie bei den meisten Dingen beim Camper-Ausbau solltest du darauf achten, dass der Stoff nicht zu schwer ist.

Rechne für den Zuschnitt einen Umschlag oben, seitlich und unten mit ein, falls du

deine Gardinen auf einer Stange oder auch mit Magneten anbringen möchtest. Wenn du mit einem Gardinenband arbeitest und der Stoff faltig fallen soll, rechne außerdem für den Stoff zwei- bis dreimal die Breite des Fensters.

Anbringung

Für die Trennung zwischen Fahrerkabine und Wohnraum eignet es sich, den Vorhang an der B-Säule anzubringen. Dazu brauchst du eine bewegliche Vorhangschiene oben und schraubbare Druckknöpfe an der B-Säulen-Verkleidung seitlich. Man kann auch Magnete seitlich in den Saum des Stoffes einnähen. So schließt der Stoff gut an der Karosserie ab. Des Weiteren kann man die Vorhänge einfach mit in die Karosserie geschraubten Endösen oder Endhaken sowie einer Gardinenstange aufhängen. Bohre dazu zuerst mit einem Metallbohrer in die Karosserie vor und schraube die Haken und Ösen dann vorsichtig ein.

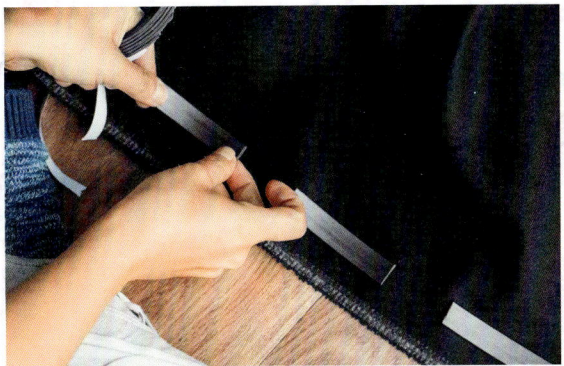

Magnetstreifen werden in den Stoff eingenäht.

Isolierung der Fenster

Da die **Fahrerkabine** kaum isoliert ist, gelangt besonders durch diese Fenster Hitze oder Kälte in das Fahrzeug. Das betrifft dich vor allem, wenn du auch im Winter campen möchtest oder im Sommer in sehr warmen Gefilden unterwegs bist. Daher ist eine Isolierung für diese Fenster ratsam. Am besten geht das mit Isolierfolie, die du im Bedarfsfall an der Innenseite der Fenster anbringst. Diese gibt es für fast jedes Camper-Model fix und fertig zu kaufen.

Die meisten in der **Wohnkabine** verbauten Wohnmobil-Fenster verfügen über eine Isolierung und einen Sichtschutz. Wenn in deinem Fahrzeug in diesem Bereich jedoch bereits normale Autofenster eingebaut sind, kannst du für diese Fenster Abdeckungen aus Isolierfolie ganz einfach selbst nähen.

Anleitung: Fenster-Isomatten nähen

Halte die **Thermomatte** an das Fenster an. Zeichne dann den Umriss des Fensters auf der Thermomatte auf (**Bild 1**). **Schneide** die Thermomatte etwas größer vor, sodass das Fenster bis außen hin abgedeckt ist (**Bild 2**). Fasse anschließend die Ränder mit der **Nähmaschine** ein. Zusätzlich kannst du über die gesamten Matten noch einfache Quer- oder Längsstreifen nähen, sodass diese sich zum Verstauen besser falten lassen (**Bild 3**). Zur **Befestigung** an den Fenstern kannst du **Magnete** an die Ränder der Thermomatten kleben oder nähen (**Bild 4**). Alternativ kannst du auch **Saugnäpfe** an der Isolierfolie anbringen (**Bild 5**). Diese gibt es bereits fertig zu kaufen.

Wärmevorhang

Hast du einen offenen Durchgang zwischen Fahrerkabine und Wohnraum, so ist es nachts sogar ratsam diese beiden Bereiche voneinander mit einem Wärmevorhangstoff abzutrennen. Achte darauf, dass dieser sowohl oben, unten, als auch

Du brauchst

- » Thermomatte (gibt es in Meterware zu kaufen)
- » optional Baumwollstoff (o. Ä.) für die Innenseite
- » Nähmaschine
- » Faden
- » Magnete oder Saugnäpfe
- » dicken Stift
- » Schere

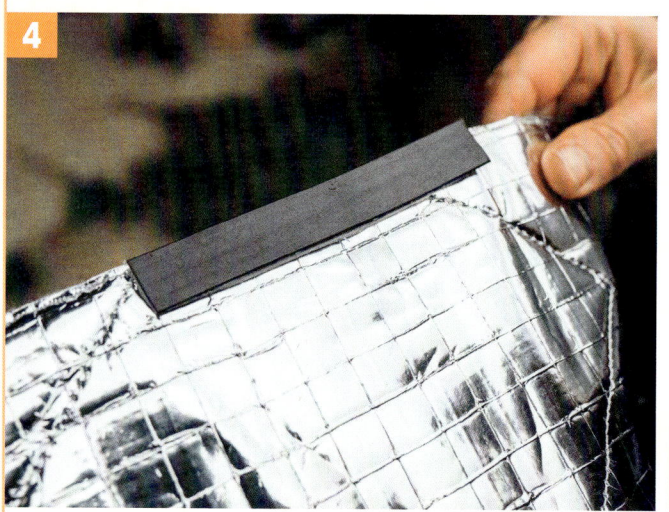 

seitlich gut abschließt. So bleibt nicht nur die Kälte, sondern auch das Licht draußen. Dafür kannst du ganz einfach Klammern oder auch eine Gardinenstange befestigen. Nähe seitlich Magnete oder Druckknöpfe in den Stoff, um auch seitlich einen guten Abschluss zu bekommen (s. Vorhänge, S. 137).

Warmhalten im Bus

Es muss nicht immer eine Standheizung sein. Manchmal tun es auch die kleinen Dinge!
Eine gute Isolierung (s. ab S. 36) ist natürlich ein Must. Dazu noch Thermomatten für die Fenster und schon bist du erst einmal gut gerüstet.
Zusätzlich bietet es sich an, immer eine **Wärmflasche**, lange Unterwäsche bzw. eine Thermostrumpfhose und warme **Wollsocken** dabei zu haben. Und es ist gleich viel angenehmer, wenn ein **Teppich** im Camper liegt. Außerdem macht so ein Teil den Bus erst so richtig wohnlich. Abschließend gehört unbedingt ein **Flötenkessel** zu deinen Must-Haves zum Warmhalten im Bus. Darin bringst du das Wasser für deine Wärmflasche rasch zum Kochen. Außerdem gibt der Kessel selbst auch Wärme ab. Zusätzlich wärmst du dich mit einem wohlig warmen Honig-Ingwer-Tee von innen.

Anhang

Beispielhafte Kostenaufstellung L2H2

Citroën Jumper, L2H2, Bj. 2008 mit 101 PS, 110 000 km am Tacho (gekauft 2018)

Basisfahrzeug	8.000,– €

Instandsetzung

Service (Ölwechsel inkl. Filter, Luftfilter)	380,20 €
AGR-Ventil	301,00 €
Fahrzeuglack	20,00 €
Rostumwandler	16,20 €
Rostschutzlack	19,95 €
3 × Unterbodenschutz	17,82 €
Scheibenwischer	19,95 €
Sommerreifen	460,00 €
Gesamtkosten Instandsetzung	**1.235,12 €**

Fenster

2 × Fenster, 502 × 352 mm	450,00 €
abtupfbares Dichtmittel	9,85 €
Holzlatten (für den Rahmen)	5,00 €
Einkomponenten-Kleb- und Dichtstoff	11,08 €
Gesamtkosten Fenster	**475,93 €**

Isolierung

3 × selbstklebende Isoliermatten, 19 mm/6 m²	224,85 €
2 × selbstklebendes Isolierband	10,37 €
8 × XPS-Platte 330 SF, 1265 × 615 × 30 mm	44,80 €
Gesamtkosten Isolierung	**280,02 €**

Innenverkleidung

2 × Deckenpaneele Profilholz Nut und Feder	34,52 €
4 × Dekorpaneele weiß	111,20 €
MDF-Platten*	wiederverwendet
PVC-Boden, 7 m²	28,00 €
Leinöl	14,80 €
Gesamtkosten Innenverkleidung	**188,52 €**

Möbelbau

Konstruktionsholz/Kantholz	40,20 €
Pappel-Sperrholzplatten	97,70 €
weiteres Holz aus dem alten Camperausbau*	70,00 €
3 × Holzlack weiß	38,97 €
3 × Klarlack-Spray	23,85 €
Klarlack für die Arbeitsflächen	11,34 €
Tischbein	14,90 €
4 × Schubladen-Auszüge, 500 mm	58,20 €
2 Packungen Vorreiber	17,60 €
Winkelverbinder	9,15 €
Schraubenset	25,00 €
10 × Aufschraubscharniere	17,70 €
Matratze	89,90 €
Beize	16,03 €
Magnetband	10,99 €
Wärmevorhang, 4 m	67,96 €
Nitroverdünnung	9,39 €
Gesamtkosten Möbelbau	**609,49 €**

Küche

Kühlschrank	349,00 €
Kocher-Spülenkombination*	269,00 €
Gasflasche*	35,00 €
Gasanschluss/Gasdruckminderer*	21,32 €
Silikon	5,99 €
Gesamtkosten Küche	**680,31 €**

Sanitär

Bausatz Campingtoilette/ Komposttoilette ohne Gehäuse	167,00 €
Spill Guard Kit	29,90 €
Bambus Toilettensitz	49,00 €
kompostierbare Feststofftüten	9,90 €
Einstreu, 2,5 kg	9,90 €
kompostierbares Schwammtuch	9,90 €
Gesamtkosten Sanitär	**275,60 €**

Wasserversorgung

2 × Universal-Weithalskanister, 19 l	17,06 €
Wasserhahn*	23,40 €
Abwasserkanister*	22,89 €
Tauchpumpe*	16,95 €
Schraubring mit Staubkappe	3,95 €
Wasserschlauch, 10 mm	8,02 €
Gesamtkosten Wasserversorgung	**92,27 €**

Elektrik

Solarmodul, 310 Watt	109,00 €
Solar-Laderegler, 12 V, 20 A, BT	161,84 €
Solar-Dachdurchführung, ABS weiß	10,90 €
Solarkabel, 1 Paar, 6 m, 6 mm²	29,98 €
Ladegerät, 12/230 V	144,64 €
AGM-Batterie, 12 V, 230 Ah	369,80 €
Spannungswandler, 12 V, 230 V, 300 W	125,43 €
2 × Zigarettenanzünder, 12 V	13,98 €
6 × LED-Camper-Spots 12 V, warmweiß	4,99 €
selbstklebender 12 V LED-Streifen, kaltweiß, 5 m	9,99 €
10-Wege-Sicherungshalter, 12 V	17,99 €
Kfz-Sicherungen Set, 19 mm	5,98 €
Midi-Sicherungshalter M5	7,50 €
Midi-Hochstromsicherung, 40 A	5,90 €
Flachkabel/zweiadriges Elektrokabel, 2 × 2,5 mm², 20 m	44,90 €
Kabel, 6,0 mm², 10 m, rot	14,90 €
Neutralleiter-Klemme	5,39 €
Packung Presskabelschuhe	11,99 €
10 × Kabelschuhe M12, 10 mm²	9,98 €
12 × Kompakt-Verbindungsklemmen	6,64 €
10 × Kippschalter	7,99 €
Einkomponenten-Kleb- und Dichtstoff	10,85 €
Silikonentferner	7,89 €
Gesamtkosten Elektrik	**1.138,45 €**

Add-Ons

Dachträger für Kastenwagen	127,12 €
Dachhaube	76,00 €
Tresor	76,40 €
Gesamtkosten Add-Ons	**279,52 €**

Gesamtkosten Ausbau	**5.290,42 €**

* war bereits vorhanden, geschätzter Wert

Diese Liste findest du zum Nachshoppen unter www.mein-camperausbau.de/kosten-campervan

Beispielhafte Kostenaufstellung L2H1

VW T5, L2H1, Bj. 2013 mit 114 PS, 130 000 km am Tacho (gekauft 07/2020)

Basisfahrzeug	14.400,– €

Instandsetzung
Türdichtung	16,40 €
Lack	52,70 €
Wagenheber + Bordwerkzeug	64,99 €
Rostumwandler	17,92 €
Gesamtkosten Instandsetzung	**152,01 €**

Isolierung/Boden
2 × selbstkl. Isoliermatten, 19 mm/6 m²	146,90 €
2 × selbstklebendes Isolierband	17,10 €
Silikonentferner, 1000 ml	9,01 €
2 × Unterkonstruktionslatte, 300 × 4,4 × 1,9 cm, Fichte/Tanne, gehobelt	5,10 €
5 × OSB-Platte, 2050 × 625 × 12 mm	25,30 €
Click-Vinyl, 5 mm, 5 m²	129,00 €
Gesamtkosten Isolierung/Boden	**332,41 €**

Innenverkleidung
MDF-Platte, oberflächenbesch., weiß	30,00 €
Holzfarbe, weiß*	Rest
Klarlack, 375 ml	16,10 €
Gesamtkosten Innenverkleidung	**46,10 €**

Ausziehbett
2 × Lattenrost	30,00 €
Pappel-Sperrholz, 10 mm	13,00 €
Pappel-Sperrholz, 6 mm	11,00 €
Siebdruckplatte	17,00 €
2 × Kantholz, 300 × 4,0 × 1,8 cm	2,80 €
3 × Kantholz, 300 × 4,8 × 2,4 cm	4,44 €
Kugelschnapper	14,86 €
Metallleiste, 47 × 20 × 2 mm*	Rest
Gurtband, 1 m	0,28 €
Matratze	75,00 €
Gesamtkosten Ausziehbett	**168,00 €**

Matratzenbezüge
Möbelbezugsstoff	83,34 €
Reißverschluss S40, 5,4 m	29,81 €
Gesamtkosten Matratzenbezüge	**113,15 €**

Seitenschrank
Pappel-Sperrholz, 10 mm	50,00 €
Pappel-Sperrholz, 6 mm	20,00 €
Rahmenholz	10,00 €
Kistenverschluss, Spannverschluss	9,89 €
Aufschraubscharniere	17,89 €
Gesamtkosten Seitenschrank	**107,78 €**

Küche
Kompressor Kühlbox, 18 l	331,00 €

Kocher
Gaskocher mit Zündsicherung	59,90 €
Mitteldruck-Gasschlauch, 100 cm	9,35 €
Gasdruckregler für Gaskartuschen	19,95 €

Wasserversorgung
2 × Weithalskanister, 19 l	35,00 €
Einbauspüle, eckig, 320 × 260 mm	39,99 €
flexibler Ablaufschlauch	7,95 €
Ablaufventil, 1 ¼"	3,72 €
Schlauchtülle ½" AG × Tülle, 10 mm	3,45 €
PTFE-Band	7,32 €
Druckwasserpumpe	109,08 €
Schraubfilter (Schlauchtülle × ½" IG) für Druckpumpen	9,90 €
Schlauch PVC, 10 mm, 1 m	1,60 €
Schlauch PVC, 13 mm, 2 m*	Rest
Wasserhahn	50,00 €
Schlauchschellen, 10–16 mm	7,95 €
U-Rohrschelle	7,59 €
Reduzierstück, ½" IG × ⅜" AG	5,25 €
Edelstahl-Duschkopf	13,99 €
Duschschlauch, 2,5 m	14,99 €
Y-Verteiler für Zulaufschläuche	11,90 €
Messing-Stopfen, ⅜"	2,39 €
Schlauchkupplung	10,67 €

Arbeitsplatte und Möbel
Leimholzplatte Eiche	55,95 €
Arbeitsplattenöl	14,49 €
3 × Vollauszüge, 550 mm	49,17 €
Kugelschnapper	10,89 €

Pappel-Sperrholz, 12 mm	90,00 €
Klappkonsole Schwerlast, 200 mm	19,90 €
Gesamtkosten Campingküche	**1.016,40 €**

Trenntoilette
Bausatz Trenntoilette	399,00 €
Gesamtkosten Toilette	**399,00 €**

Elektrik
AGM-Versorgungsbatterie 160 Ah	389,00 €
Batterieladegerät 10 A, 12 V	128,18 €

Ladebooster
Ladebooster Batterie zu Batterie-Ladewandler 30 A, 12 V	157,92 €
Kfz-Sicherungshalter Gehäuse	1,59 €
Packung T-Tap-Anschlussklemmen	7,92 €
Fahrzeugleitung, 10 mm², 5 m	39,90 €

Verbindungsmaterial
2 × Hebelverbindungsklemme, 0,2–4 mm²	2,58 €
Packung Kabelschuhe	13,99 €
Sicherungshalter 6-fach	13,99 €
2 × Flachkabel, 1,5 mm², 20 m	34,90 €
Kfz-Kabel, rot, 6 mm², 5 m	13,90 €
Kfz-Kabel, schwarz, 6 mm², 5 m	13,90 €
Kabelschuh Ring M 8, 4,0 mm²–6,0 mm²	7,99 €
3 × Midi-Streifensicherungshalter	17,70 €
Midi-Streifensicherung, 2 × 40 A, 1 × 80 A, 1 × 50 A	5,96 €
Kippschalter, 12 V	7,99 €

230 V
Spannungswandler, 500 W	164,10 €
versenkbare Steckdoseneinheit	52,16 €
3 × Kabel H07 RN-F, 2,5 mm², 3 m	7,47 €

Solar
Solar-Laderegler MPPT, 20 A, BT	157,76 €
Semiflex. Solarmodul, 180 W, 36 V	277,72 €
Verbindungskabel Solarmodul zu Solar-Laderegler, 4 mm², 7 m	27,69 €
Dachdurchführung 2-fach, weiß	12,90 €

Sonstiges
Verlängerungskabel Outdoor, 10 m	14,57 €
Doppel-USB-Einbausteckdose, 12 V	14,90 €
Gesamtkosten Elektrik	**1.586,68 €**

Fenster und Gardinen
Schiebefenster links für VW T5/T6, Echtglas, 1135 × 585 mm	175,00 €
Seitenfenster für VW T5/T6, vorne rechts, 1135 × 585 mm	79,00 €
Scheibenkleber-Set	33,30 €
Kantenschutzprofil extra breit	18,81 €
Aktivator Reinigungslösung, 30 ml	11,90 €
Reste Vorhangstoff	8,00 €
2 × Gardinenschiene	14,00 €
Universal-Gardinenband	4,28 €
Rollringe	3,10 €
Gesamtkosten Fenster + Gardinen	**348,39 €**

Aufstelldach
Aufstelldach langer Radstand	5.400,00 €
Einbau Aufstelldach	2.201,50 €
Grundträgersystem	55,26 €
Gesamtkosten Aufstelldach	**7.656,76 €**

Standheizung
Standheizung 2 kW inkl. digit. Bedienteil	529,00 €
Unterfluranschluss VW	79,90 €
Warmluftrohr, 2 m	29,80 €
2 × Ausströmer und Flansch	25,70 €
Montagematerial	49,90 €
Arbeitszeit Fachmann	1.080,00 €
Gesamtkosten Standheizung	**1.794,30 €**

Farbe und Finish
2 × Farblack (inkl. Grundierung), 2,5 l	74,72 €
1 × Farblack (inkl. Grundierung), 0,75 l	26,78 €
Gesamtkosten für das Finish	**101,50 €**

Sonstige Ausstattung
Tresor	69,99 €
Fahrerhaus Thermomatten-Set VW T5/T6	48,73 €
Thermomatte Meterware	19,48 €
Scheibentönung Heckscheibe	105,00 €
Universalschrauben-Sortiment, 1700 Stk.	19,49 €
Kosten für Sonstiges	**262,86 €**

Gesamtkosten Ausbau	**14.085,34 €**

* bereits vorhanden

Diese Liste findest du zum Nachshoppen unter www.mein-camperausbau.de/vw-t5-kosten/

Vom PKW/LKW zum Wohnmobil

Durch den Umbau deines Fahrzeuges von einem LKW oder PKW zu einem Wohnmobil erlischt der ursprüngliche Verwendungszweck. Eine Ummeldung zum Wohnmobil ist notwendig. Das betrifft dich natürlich nicht, wenn dein Fahrzeug bereits als Wohnmobil angemeldet ist. Trotzdem ist eine regelmäßige Überprüfung beim TÜV (oder Pickerl in Österreich) verpflichtend. Kochst oder wärmst du dein Wasser mit Gas, so ist im Normalfall alle zwei Jahre eine Gasprüfung (G607) durchzuführen. Diese kann der TÜV in der Regel mit der Plakettenprüfung in einem für dich vornehmen. Nachfolgend findest du eine Liste mit Kriterien, die dein Fahrzeug erfüllen sollte.

> Die Verordnungen und Bestimmungen können je nach Land und Bundesland variieren. Bitte informiere dich bei der für deinen Wohnort zuständigen Stelle. Detaillierte Angaben für die Bundesrepublik Deutschland findest du z. B. im offiziellen Merkblatt des Deutschen TÜVs (Nr. 740): https://shop.vdtuev.de/merkblaetter.

Wann ist es ein Wohnmobil?

- **Schlafstelle:** Diese soll eindeutig erkennbar sein. Eine Sitzgelegenheit mit Schlaffunktion ist zulässig.
- **Kochmöglichkeit:**
  – Gaskartuschenkocher benötigen eine Zündsicherung. Die Kartusche muss in montiertem Zustand ausbaubar sein.

- Die Kochstelle muss fest verbaut sein, darf jedoch ausklapp- oder ausziehbar sein.
- Ein Hitzeschutz, der den Bereich um die Kochstelle feuerfest schützt, muss vorhanden sein.
- Beachte die Angaben zu Gas (weiter unten)

- **Tisch mit Sitzmöglichkeiten:**
  - Der Tisch darf mobil sein, muss aber sicher verstaut werden können.
  - Werden die Sitzmöglichkeiten im Wohnbereich während der Fahrt benutzt, muss eine direkte Kommunikation zum Fahrer möglich sein. Und man muss sich anschnallen können!

- **Staufläche bzw. Schränke:** Gepäck und Utensilien müssen sicher zu verstauen sein, sodass von ihnen während der Fahrt keine Gefahr für die Insassen ausgeht. Stauflächen und Schränke sollten so gut verschlossen sein, dass sie sich auch bei einem möglichen Unfall nicht öffnen.
- Be- und Entlüftungsklappen müssen frei zugänglich sein.
- Türen, Fenster und Luken müssen dicht abschließen.
- Stehhöhe ist für die Zulassung als Wohnmobil nicht verpflichtend.
- Sollte die tragbare Struktur/Karosserie des Wagens verändert worden sein, muss dies von einem Prüfer abgenommen werden. Das ist beispielsweise beim Einbau eines Schlafdaches der Fall.

Quelle: https://www.vdtuev.de/news/merkblatt-wohnmobile

Gas

Betreibst du deine Kochfläche oder wärmst du dein Wasser zum Duschen mit Gas, so ist ein sogenannter Gaskasten verpflichtend im Wohnmobil zu verbauen. Dieser muss
- luftdicht verschlossen sein
- die Gasflasche darin fest verzurrt enthalten
- an seinem tiefsten Ende eine nicht verschließbare Öffnung nach außen aufweisen.

Praxistipps:
- Transportiere Gasflaschen immer in dem dafür vorgesehenen Raum und entsprechend gesichert.
- Vermeide den Transport von Gasflaschen in einem PKW.
- Der Gasdruckregler wird mittels „Linksgewinde" an der Gasflasche angeschlossen.
- Verwende kein Werkzeug, um die Dichtung am Flaschenventil nicht zu beschädigen.
- Mit Seifenschaum (Lecksuchspray) kann die Dichtigkeit nach einem Flaschenwechsel überprüft werden.
- Achte darauf, dass die Zündsicherheit stets gut funktioniert.

Quelle: https://www.campingclub.at/gasueberpruefung
https://www.dvgw.de/medien/dvgw/gas/gase/g_607.pdf

Die Überprüfung

Die gesetzlich vorgeschriebene TÜV-Überprüfung beinhaltet natürlich die Fahrtüchtigkeit deines Wohnmobils. Das bedeutet, dass wie bei einem PKW Beleuchtung, Bremsen, Elektrik, das Ersatzrad, die Reifen sowie die Unterlagen überprüft werden. Zusätzlich stehen für ein Wohnmobil noch die Punkte Anbauten (Fahrradträger, Dachboxen …) und Gasanlage auf der Liste.

Quelle: https://www.tuv.com/landingpage/de/lp-haupt-und-abgasuntersuchung/distribution-pages/wohnwagen/

Sicherheit on the road

Das Thema Sicherheit im Camper ist ein riesengroßes. Vanlife boomt und es scheint fast klar, dass Kamera, Drohne und andere Wertgegenstände im kleinen Zuhause auf Rädern versteckt sein können. Für Diebstahlsicherungen und -schutz gibt es viele Möglichkeiten. Aber wie bekommst du deinen Camper wirklich einbruchsicher? Generell ist eine Alarmanlage im Fahrzeug ein erster guter Schritt. Eine Wegfahrsperre, die am Lenkrad oder den Pedalen befestigt wird, hilft zwar vor einem Autodiebstahl, jedoch nicht davor, dass der Innenraum ausgeräumt wird. Nachfolgend erklären wir dir die Sicherheitsmaßnahmen, die wir getroffen haben.

Prick-Stopp
Bei manchen Fahrzeugen, z. B. Citroën Jumper, genügt ein Schlag mit einem Schraubenzieher unterhalb des Türgriffes und schon sind alle Türen entriegelt. Fast geräuschlos, ohne große Geräte und mit wenig Gewalteinwirkung kann so der Wagen leicht auch bei Tag aufgebrochen werden. Mit der Anbringung eines passend zugeschnittenen Blechs an der richtigen Stelle kannst du dich und deinen Camper schützen. Dieses System kann man einbaufertig kaufen oder selbst bauen. Das Blech wird mit den Originalschrauben des Fahrzeugs verschraubt und verstärkt somit das Fahrzeugblech an der Schwachstelle des Schlosses.

Safe
Ein Safe ist eine gute Möglichkeit, kleinere Wertgegenstände, Geld, Kreditkarten und Pässe sicher aufzubewahren.
- **Elektronische Safes** können meist recht einfach geknackt werden. Allerdings ist die Handhabung praktischer, weil du keinen Schlüssel brauchst.
- Ein **Tresor** mit dicker Stahltür, der sehr schwer und unhandlich ist, würde das Fahrzeuggewicht nur unnötig erhöhen.
- **Safes für spezifische Fahrzeugtypen** passen unter den Fahrersitz oder sogar an die Tür. Der Nachteil: Sie bieten nicht genug Platz für 15"-Laptop und Kamera.
- **Möbelsafes** werden mit einem Schlüssel versperrt. Gewicht und Abmessung sind ok und sie können nur mit schwerem Gerät geknackt werden.

Einbauen des Prick-Stopp-Blechs

Möbelsafe am Boden verschraubt

Wir entschieden uns für den Möbelsafe, da dieser genug Volumen für zwei Laptops, 2 Smartphones, Bargeld, Kamera, Objektive und eine Drohne hat. Verankert mit dem Boden lässt er sich auch nicht einfach mitnehmen. (Anleitung zum Einbau auf S. 76) Versteckt unter dem Bett oder der Küche verbaut, ist er außerdem im Falle eines Raubes nur schwer zu entfernen. Den Schlüssel tragen wir immer bei uns.

Der richtige Stell- und Parkplatz
Natürlich kommt es darauf an, wo man parkt. Frei stehen ist an sich kein Problem, solange man die Natur dabei nicht belastet. Ganz alleine in dunklen Gassen oder in bereits als unsicher bekannten Gegenden würden wir persönlich einfach nicht bleiben und parken.

- Wenn am Parkplatz verdächtig viele weiße Glasscherben liegen, ist das meistens kein gutes Zeichen und deutet oft auf ein eingeschlagenes Fenster hin.
- Wir begrüßen unsere Nachbarn immer freundlich und lassen uns mal blicken, damit die anderen wahrnehmen, wer denn zu diesem Camper gehört. Genauso fragen wir auch aufmerksam nach, wenn wir jemand Fremden bei einem uns bekannten Campervan sehen.
- Wenn wir uns nicht wohl fühlen, parken wir dort nicht!

Außerdem:

- **Blickdichte Vorhänge.** So sieht niemand in den Bus hinein. Sie sind ein einfaches Mittel, um den potenziellen Einbrecher zu verunsichern. Er weiß nicht, ob sich gerade jemand im Bus befindet oder nicht.
- **Durchgang zum Fahrersitz.** So kannst du spontan, ohne das Auto zu verlassen, losfahren. Halte deinen Schlüssel auch nachts griffbereit und vergewissere dich vor dem Schlafengehen, dass der Fahrersitz freigeräumt ist. So kannst du jederzeit losfahren.
- **Wertgegenstände verstecken.** Grundsätzlich empfehlen wir: Protze nicht mit deiner teuren Kamera, dem supermodernen Laptop oder dem neuesten Handy. Vor allem nicht in ärmeren Gegenden. Gelegenheit macht Diebe. Achte also darauf, solche Gegenstände nicht sichtbar herumliegen zu lassen. Wir verstauen alle elektrischen Geräte im Wohnraum, die teuersten im Safe.
- **Halte die Augen offen.** Vorsicht ist ja bekanntlich besser als Nachsicht. Setze dabei deinen gesunden Menschenverstand ein und höre auf dein Bauchgefühl.

Ein gesunder Mittelweg zwischen Prävention und Achtsamkeit lässt dich beruhigt deine Reise genießen.

Schlusswort

Abschließend wollen wir dir noch drei „Weisheiten" mit auf den Camper-Ausbau- und Reise-Weg geben.

Weniger ist mehr.
Jeder ist anders. Deshalb ist das eigene Camper-Layout gut zu überlegen. Ein Leben auf 6 m², das muss geplant sein. Vor allem, wenn man zu zweit oder als Familie auf so engem Raum wohnt, reist oder Urlaub macht. Jeder hat seine Vorlieben und Hobbys. Der Grundriss deines „Hauses" ist ein essenzielles Element. **Überlege dir, was dir wichtig ist und auf was du verzichten kannst.** Wir haben z. B. keine Dusche! Stauraum für das Nötigste ist jedoch wichtig, denn so ein kleiner Raum ist schnell unordentlich. Weniger zu besitzen ist mehr wert für uns. Vieles, das wir auf unserem ersten Trip mit dabei hatten, verwendeten wir nie. Ergo: Packe nur das Allernötigste ein.

Langsam reisen, Zeit nehmen & erkunden
Ganze acht Monate verbrachten wir in „nur" drei Ländern. „Wieso denn nur so langsam?" Mit einigen Jahren Reiseerfahrung in der Tasche leben wir nach dem Motto: **Dort bleiben, wo es gefällt.** Es ist möglich, die Küsten Portugals, Spaniens und Marokkos rascher zu bereisen, wir lieben es aber gemütlich. Solltest du weniger Zeit haben, so empfehlen wir, dich an deine absoluten Lieblingsspots zu halten und dir dort mehr Zeit zu nehmen. Warum? Weil man oft erst nach einigen Tagen den Charme eines Ortes erlebt. Und: Weil man sich im Leben generell weniger stressen und mal alles so hinnehmen sollte, wie es kommt. Langsam, stetig. Das Land in vollen Zügen erleben.

Snacks, gesunde Mahlzeiten & süße Treats
Genug zu essen dabeizuhaben, das ist für uns immer wichtig. Dabei vergleichen wir gerne Preise und lieben es, auf Wochenmärkten lokale Köstlichkeiten zu erstehen. Gibt es besondere Empfehlungen zum Essengehen, so nehmen wir diese auch gerne wahr. Meistens wird jedoch im Bus frisch gekocht. Saisonal und regional zu kochen tut nicht nur dem Geldbeutel gut, sondern auch dir selbst.

Natürlich kann man in einem Buch nicht alle Eventualitäten abdecken. Wir hoffen, dir mit diesem Buch eine Inspiration zu sein, und freuen uns, wenn du auf unserem Blog www.mein-camperausbau.de vorbeischaust und gerne auch per Mail hello@mein-camperausbau.de eine Nachricht hinterlässt.

Viel Erfolg beim Ausbau deines eigenen Traums auf vier Rädern wünschen dir
Kathi & Andi

Rechtlicher Hinweis

Zu guter Letzt noch einige Worte zu gesetzlichen Vorschriften: Die Inhalte dieses Buches wurde zum Zeitpunkt der Erstellung nach bestem Wissen und Gewissen recherchiert. Vorschriften und Gesetzeslagen können sich ändern, weshalb wir hier keinesfalls einen Anspruch auf Vollständigkeit erheben wollen.

Da es sich beim Camper-Ausbau um ein Do-it-yourself-Handwerker-Projekt handelt, bist du für deine Handlungen selbst verantwortlich.

Daher bitten wir dich, im Zweifelsfall immer einen Fachbetrieb oder die zuständige öffentliche Stelle zu kontaktieren und dich aktuell zu informieren.

Impressum

FOTOS: S. 14 und 19: © freepik.com; alle anderen: © Katharina Maloun und Andreas Weiss
ILLUSTRATIONEN: © Creative Market/Nomad Stockpile
ILLUSTRATION DER PLÄNE: Michael Feuerer
PRODUKTMANAGEMENT: Stephanie Iber
LEKTORAT UND KORREKTORAT: ZweiKonzept GbR
COVERGESTALTUNG: Eva Grimme
HERSTELLUNG UND LAYOUT: Heike Köhl
SATZ UND REPRO: Michael Feuerer
DRUCK UND BINDUNG: Neografia, Slowakei

Die in diesem Buch veröffentlichten Informationen und Ratschläge wurden von den Autoren und den Mitarbeitern des Verlags sorgfältig geprüft. Eine Garantie wird jedoch nicht übernommen. Autoren und Verlag können für eventuell auftretende Fehler und Schäden nicht haftbar gemacht werden. Das Werk und die darin gezeigten Informationen und Ratschläge sind urheberrechtlich geschützt. Die Vervielfältigung und Verbreitung ist, außer für private, nicht kommerzielle Zwecke, untersagt und wird zivil- und strafrechtlich verfolgt. Dies gilt insbesondere für die Verbreitung des Werkes durch Fotokopien, Film, Funk und Fernsehen, elektronische Medien und Internet sowie für die gewerbliche Nutzung der gezeigten Modelle. Bei Verwendung im Unterricht und in Kursen ist auf dieses Buch hinzuweisen.

4. Auflage 2021

© 2021 frechverlag GmbH, Turbinenstraße 7, 70499 Stuttgart

ISBN 978-3-7724-4501-9 · Best.-Nr. 4501